문화다양성과 관용의 철학

이 저서는 2019년 대한민국 교육부와 한국연구재단의 지원을 받아 수행된 연구임(NRF-2019S1A5C2A04082405).

문화다양성과 관용의 철학

김선규·박준웅 지음

경진
출판

들어가며

　현대사회의 주목할 특징 중 하나는 폭발적인 기술의 발전이다. 폭발적인 기술의 발전을 통해 인류는 새로운 환경 안에 거주하게 되었고, 그 안에서 인류는 이전에는 미처 상상하지 못했던 일들을 실현하게 되었다. 우리는 마르코폴로가 평생을 바쳐 여행하여 수집한 동양에 대한 정보보다 훨씬 방대하며 정확한 정보를 한 손에 잡히는 휴대전화를 통해 순식간에 찾아볼 수 있고, 옛사람들은 상상도 할 수 없이 먼 거리를 단 며칠 안에 이동할 수 있다. 오랜 노력을 통해서나 습득할 수 있을 다른 나라의 언어를 인터넷을 통해 순식간에 그것도 꽤 정확하게 번역해낼 수 있고, 대학에 가지 않아도 마치 여럿이 모여 있는 듯한 가상의 강의실 안에서 대학 강의에 참여할 수 있으며, 해외의 대학에 제출된 박사학위 논문을 개인 컴퓨터에서 단지 잠시만의 수고를 통해 읽어볼 수도 있다. 자신이 선망하는 화가의 그림을 눈앞에서 감상하는 것과 같은 선명함으로 체험할 수 있고, 별다른 수고 없이 전 세계의 다양한 음악으로 귀를 즐겁게 할 수 있다. 메타버스(metaverse)와 같은 가상 세계에 대한 새로운 기술은 물리적 환경 안에서 존재해 왔던 인간의 실존적 조건을 과감하게 확장하는 가능성을 시사하기도 한다. 이처럼, 새로운 기술이 이주시킨 인류의 새로운 거주 환경 안에서 인간은 예전에는 미처 누리지 못했던 정보의 혜택을 24시간, 365일 활용할 수 있는 즐거움을 누리고 있는 것이 분명해 보인다.

기술의 발전이 인류에게 마련해준 새로운 보금자리 안에서 인류가 누릴 지식의 범위는 이토록 확장되었고, 우리는 이에 상응하는 확장된 지식을 얻게 된다. 그리고 확장된 지식은 우리가 이전에는 미처 알아차리지 못했던 인간이 살아가는 방식과 세상을 이해하는 방식을 알려주었으며, 그러한 방식이 얼마나 다양한지 일깨워준다. 지식이 확장되면 될수록, 우리는 우리가 얼마나 많은 '다름'의 방식을 통해 인간과 세상을 이해하고 있는지를 알게 된다. 전통적인 개인이 자신과 동일한 언어, 피부색, 문화, 종교 안에서 '동일성'을 확인하며 일생을 보냈다면, 폭발적인 기술 발전의 세례를 받고 살아가는 현대사회에서의 개인은, 원하건 원하지 않건 간에, 예전에는 그 존재조차 미처 몰랐던 세계 안에 존재하는 '다름'을 확인하며 살아간다. 자신이 도저히 다다를 수 없는 지역에 사는 이들의 풍속과 문화를 마르코폴로가 전해주는 신비로운 동양의 이야기를 들었을 전통적인 서양인의 심정과 달리, 현대사회에서의 개인은 기술의 발전과 함께 전통적인 개인이 꿈에도 꿔보지 못했을 오지의 문화와 삶을 손쉽게 휴대폰에서 찾아볼 수 있다. 막연하기만 했던 신화적 존재의 흔적 또한 더 이상 먼 나라의 이야기만은 아니다. 인터넷에는 언제나 우리를 대신하여 '다름'의 역사와 현존을 우리를 대신하여 확인해주고 읽어주며, 맛보고 체험해주는 사람들로 가득하다.

관용에 대한 논의가 지금에 이르러 활발히 꽃피우는 주된 이유 중 하나는 바로 이러한 점에 있다. 관용의 실천은 관용을 실천하는 사람과 관용 받는 대상 간의 다름을 전제로 한다. 우리는 인간과 세상에 대한 같은 이해를 공유하는 사람을 관용한다고 말하지 않는다. 우리는 오직 우리와 다른 생각을 가진 이들을 관용할 수 있을 뿐이다. 따라서 기술의 발전이 우리에게 '다름'의 존재를 빈번히 확인할 기회를 열어준다면, 우리는 그 '다름'을 관용할 기회 또한 얻게 된다. 물론 모든 '다름'의 존재가 관용의 대상은 아니다. '다름'의 존재를 대하는 방법은 다양하다. 우리는 우리와 다른 방식으로 인간과 세계를 이해하는 방식을 거부하기도 하고, 수용하기도 하며, 무관심하게 지나치기도 한다. 관용으로 '다름'을 대하는 것은 그 수많은 방법 중 하나이다. 하지만, '다름'을 대하는 경험의 수가 증가한다는 것은 그 중, 관용의 대상이 될 수 있는 '다름'을 경험할 수 있는 기회 또한 증가함을 뜻하기도 한다.

그렇다고, 이러한 사실이 우리가 더 많이 '다름'을 관용해야만 한다는 당위로 이어지지는 않는다는 점은 중요하다. 관용의 기회를 이전보다 자주 얻게 되었다는 사실은 단지 관용을 더욱 자주할 수 있는 기회를 얻게 되었다는 것을 뜻할 뿐이다. 언급하였듯이, 관용은 '다름'을 인식하는 어떤 사람 혹은 집단이 선택할 수 있는 다양한 태도 중 하나이다. 어떠한 개인 혹은 단체는 '다름'의 폭발적인 인식적 증가를 거부와 배척, 혹은 차별의 이유가 폭발적으로 증가한 것으로 인식할지도 모른다. 설사 그것이 현대의 다원주의적 현실에서 일반적으로 권장되는 삶의 태도와는 배치된다 해도 말이다. 따라서 관용을 연구하는 학자들은 기술의 폭발적인 발전과 더불어 '다름'의 존재가 당연한 결과로 받아들여지는 현대사회의 다원주의적 실존 안에서 관용을 어떻게 해석하고 근거지어야 하는 지에 대한 해답을 제공해야 한다. 관용을 연구하는 이들은 폭발적으로 자신의 면모를 드러낸 다원주의의 양상, 즉 수많은 '다름'의 존재를 어떠한 근거에서 관용할 수 있는지를 설명해내야 한다. 왜냐하면, 기술의 폭발적인 발전으로 인해 우리는 좋건 싫건 간에 '다름'의 존재를 실감하고 그것과의 갈등을 감내해야 하기 때문이다.

이 책에 실린 김선규 교수의 「다문화주의에서 문화와 관용」은 바로 이러한 점에서 흥미로운 분석을 제시하고 있다. 김선규 교수는 그의 글에서 다문화의 현실을 특정한 가치관의 집합을 문화적 토양으로 받아들이고 있는 개별 문화들의 다발적 집합이라 간주하고, 이러한 다문화의 현실과 자유주의의 공존 가능성을 타진한다. 김선규 교수는 언뜻 보기에 양립할 수 없어 보이는 다문화주의와 자유주의가, 서로를 인정하고 받아들일 수 있는 계기를 만들어낼 수 있다고 주장하는데, 그 시작점을 다문화주의가 필연적으로 전제하고 있는 특정한 사회고유문화와 자유주의와의 화해에서 모색하고 있다. 김선규 교수는 특정한 문화가 딛고 있는 그들 나름의 문화적 토양에 대한 무관심을 자유주의가 극복하지 못한다면, 다른 문화에 대한 관용이 자유주의적 전망 안에서 가능한지를 비판적으로 묻고 있다.

관용을 실천하는 자가 딛고 있는 특정한 문화적 토양에 대한 충분한 고려가 이루어지지 않은 채로 관용의 실천 가능성을 모색하는 것은 두 가지 관점에서 무의미하다. 첫째, 실제로 어떤 사람도 특정한 문화, 종교, 철학, 윤리적 관점(나는 김선규 교수가 문화적 토양이라고 부른 것을 이렇게 풀어서 사용해도 무관하다고 생각한다)을 전제함이 없이 관용을 실천하지 않기 때문이다. 관용이라는 행위는 특정한 대상을 향한 매우 예외적인 행위이며, 이는 매우 강력한 동기를 요구한다. 관용이라는 행위가 특정한 대상에 대한 반대에도 불구하고 이러한 반대를 실천하지 않는 행위를 뜻한다면, 관용의 실천은 예외적인 행위일 수밖에 없다. 왜 우리는 나 혹은 내가 속한 공동체가 반대하는 것, 즉 나 혹은 내가 속한 공동체가 공유하고 있는 인간과 세계에 대한 이해와 '다른' 이해를 허용해야 하는가? 나 혹은 내가 속한 공동체가 옳다고 생각하는 성적 지향과 다른 성적 지향을 가진 사람들의 성적인 생활을 우리는 왜 보호해야 하는가? 우리는 왜 우리와 다른 정치적 이념을 가진 사람들을 가르치거나 선도하려 노력하며, 이를 따르지 않을 경우, 사회의 공적인 영역에서 이들을 배제해서는 안 되는가? 왜 우리는 '다름'에도 불구하고 그들의 생각을 진지하게 살펴야 하는가? 관용이 예외적인 행위라는 것을 인정한다면, 그 예외성을 허용할 강력한 이유가 필요함은 당연한 일이다. 이러한 강력한 이유는 관용을 행하는 자 혹은 공동체가 공유하고 있는 특정한 선관 (conception of good)에 의해 도출된다. 그렇지 않다면, 관용을 가능케 하는 동기는 일시적이거나 즉흥적인 것이 되기 쉽다. 강력한 동기를 정당화해주는 특정한 안정적 선관의 존재야말로 장기적이고 안정적인 관용의 실천을 담보한다.

문제는 이러한 장기적이며 안정적인 관용의 실천을 가능케 하는 동기를 제공하는 선관이 다양하다는 사실이다. 우리의 일상은 수많은 '다름'의 원천이 되는 다원적 선관의 충돌으로 가득차 있다. 우리는 일상의 삶 속에서 다양한 '다름'의 선관과 갈등하고 충돌하며 우리의 입장을 조율하며 살아간다. 관용이라는 예외적인 행위를 가능케 만드는 것이 특정한 선관이라면, 선관의 다원성은 관용이라는 행위가 실제로는 다원적 기반 위에서 실천된다는 것은 지극히 당연한 일이다. 따라서 관용을 실천하게끔 만드는 특정한 동기가 단 하나라고 주장하는 태도는 관용을 가능하게 하는 특정한 문화적 토양를 충분히 고려하지 못한 결과라고 할 수 있으며, 이것이 바로 문화적 토양에 대한 고려가 이루어지지 않은 관용의 논의가 무의미한 두 번째 이유이다.

김선규 교수는 바로 이러한 점에서 정치적 관용의 한계를 그의 글 「다문화주의와 관용의 정치화」에서 제시하고 있다. 그는 웬디 브라운이 자신의 저서 『관용: 다문화제국의 새로운 통치전략』에서 제시한 정치적 관용 해석을 설명하며, 관용을 정치적 도구로 해석하고 오용했을 때 발생하는 특정한 문제들을 제시한다. 김선규 교수는 "관용이 정치적으로 오용될 경우 단순하게 차이를 묵인할 뿐만 아니라, 겉으로는 타자를 향한 적대 행위를 줄이고 모든 차이를 존중하자고 표출되지만, 실제로는 기존의 지배와 우월성을 더욱 공고히 하는 방식으로 악용될 수도 있다"(20쪽)는 점을 지적하고 있다. 관용의 다양한 층위를 무시하고 단 한 가지 전망에서만 관용을 해석할 경우, 웬디 브라운이 제시한 정치적 관용의 오용의 문제가 발생한다는 것이다. 김선규 교수는 이러한 문제를 웬디 브라운의 관용 해석을 소개함으로써 충실히 부각시키고 있다.

김선규 교수가 자신의 글에서 주장하는 관용의 특성은 나의 글에서 제시하는 관용의 특성과 부분적으로 중첩된다. 나는 「관용을 정당화하는 근거의 자격조건에 대한 분석적 탐색」에서 관용이 실천되기 위해 충족되어야 하는 근거들이 어떠한 자격조건들을 가지고 있는지를 보이고자 하였다. 내가 주목하고자 했던 것은 관용의 자격조건이 무엇인가였다. 나는 관용이 실천될 수 있게끔 허용하는 특정한 종교, 문화, 철학적 관점 안에는 무엇인가에 대한 반대를 실현하지 않을 충분한 반대의 이유가 정합적으로 유지되어야 한다고 믿는다. 풀어 말하자면, 무엇인가를 반대하는 입장과 그럼에도 불구하고 그러한 반대를 폭력적인 형태로 실현하는 것을 반대하는 태도가, 관용이라는 행위 안에서 내적 정합성을 유지해야 한다는 것이다. 나는 이러한 내적 정합성을 유지할 수 있다면, 어떠한 종교, 문화, 철학적 관점도 관용적이라 불릴 수 있다고 주장한다. 특정한 대상에 대한 반대의 이유가 그러한 반대를 폭력의 방식으로 실천하는 것을 다시 반대해야 할 당위를 제공한다면, 그것은 그것이 종교 이론이건, 철학 이론이건, 문화적 배경이건 간에 관용적이라 불릴 수 있다. 물론

11

그러한 관용적 전망은 단 하나의 선관에서만 도출될 수 있는 것이 아니다. 이러한 관점에 따른다면, 김선규 교수가 분석을 시도한 웬디 브라운의 관용 개념은 관용을 정치적으로만 이용했을 때, 관용의 근거가 다층적인 문화, 철학, 도덕적 배경 안에서 성립되는 것이 아니라, 특정 이데올로기를 반영하고 있다는 것을 간접적으로 보여준 것이다.

또한 나는 「용서와 관용의 비교분석을 통한 차이 연구」에서 관용이라는 행위의 특수성을 명확하게 제시하고자 시도하였다. 나는 「관용을 정당화하는 근거의 자격조건에 대한 분석적 탐색」에서 제시한 관용의 특성에 연구 결과를 연장하여, 관용이라는 행위가 어째서 용서의 행위와 구분되는지를 설명하고자 하였다. 관용의 실천은 특정한 대상에 대한 반대가 결과적으로는 실천되지 않는 것을 뜻한다. 특정한 종교에 대한 관용은 그 종교에 대한 반대가 결과적으로는 실천되지 않았을 때만 성립된다. 혹자는 이러한 관용의 실천을 용서의 행위와 혼용하여 사용하기도 한다. 즉, 무엇인가에 대해 관용적인 태도를 취한다는 것을 관용의 대상을 너그러이 용서한다는 것과 유사한 맥락에서 이해하는 것이다. 나는 이러한 오해와 혼용이 관용에 대한 오해에서 비롯된 것이고, 이러한 오해가 해명되지 않는다면 결과적으로 관용이 가지는 효용을 현대사회가 온전히 활용할 수 없으리라 믿는다. 만약 관용이 무엇인가를 용서하는 것과 유사한 것이라면, 우리는 관용이 우리의 도덕적 의무를 넘어선 행위라는 것을 인정해야만 한다. 왜냐하면 용서는 높이 평가받아야 할 행위임에도 불구하고 피해자의 의무는 아니기 때문이다. 만약 관용과 용서가 혼용된다면, 우리는 관용을 권장할 수는 있을지언정, 관용을 현대사회의 필수적인 덕목이라는 점을 충분히 주장하지 못할 것이다. 「용서와 관용의 비교분석을 통한 차이 연구」에서 나는 바로 이러한 구분에 매진하였다.

김선규 교수와 내가 동의하는 것은 점점 더 다원주의적 사회로 변모하고 있는 작금의 한국 사회에서 관용에 대한 논의가 필요하다는 것이다. 비록 몇 가지 핵심적인 부분에서 김선규 교수와 나의 관용에 대한 접근 방법이 상이하기는 하지만, 갈등과 다툼, 긴장의 전선이 사회 전반에서 일상적으로 형성되는 한국 사회에서 관용에 대한 연구와 적용이 그 어느 때보다 요구된다는 점에서 김선규 교수와 나는 의견을 같이 하리라 믿는다. 김선규 교수와 나의 연구 성과의 일부를 이렇게 책의 형태로 정리할 수 있는 기회를 준 중앙대학교 다문화콘텐츠연구소와 이산호 연구소장님께 감사의 인사를 드린다.

2022년 박준웅

차 례

관용을 정당화하는 근거의 자격조건에 대한 분석적 탐색

박준웅

용서와 관용의 비교분석을 통한 차이 연구

박준웅

다문화주의와 관용의 정치화[※]

김 선 규

1. 들어가며

"차이를 존중하라"라는 구호로 표현되는 관용은 다원화된 사회에 반드시 필요한 덕목이다. 일상에서 흔히 경험하는 층간소음, 애완동물로 인한 문제가 확대되어 최악의 결과로까지 이어지는 것은 관용이 부족했기 때문에 발생한 것으로 여겨지곤 한다. 또한 종족갈등, 인종분쟁과 같은 충격적 사건들이 발생한 이유를 불관용에서 찾기도 한다. 삶의 많은 문제들이 관용과 직

※ 이 글은 『철학탐구』 45집(2017년 2월 28일 발간)에 게재한 「정치 관용 비판: 다문화주의에서 관용의 탈정치화」를 수정 보완하여 작성함.

간접적으로 연관되어 있으며, 바로 그 때문에 관용은 갈등을 해결하는 만병통치약처럼 인식되기도 한다. 게다가 확장일로에 있는 세계화는 문화적 타자와의 만남을 더욱 확대하고 있으며, 이 과정에서 관용은 더욱 필요할 것으로 보인다.

일반적 의미에서 '타자의 다름을 인정하고 존중하자'는 관용을 반대하는 사람은 별로 없다. 그러나 관용이 실천되는 과정에서 반드시 관용의 정신이 이상적인 방식으로 표출되는 것은 아니다. 관용은 기본적으로 자신의 가치관과 부합하지 않음에도 불구하고, 이를 받아주는 형식을 취하기 때문이다. 관용은 타자에 대한 전적인 수용이 아니라, 거부의 수용임에도 그것이 '도덕적으로' 요구되기 때문에 따른다는 비자발적인 행위이다. 전적으로 수용하는 것은 관용한 것이 아니고, 전혀 수용하지 못하는 것은 거부일 뿐 관용이 아니다. 관용에는 도덕적으로 옳지 않다고 거부하면서도 동시에 그것을 용납하거나 간섭하지 않아야 한다는 "관용의 역설", 즉 모순적 상황이 포함되어 있다.[1] 이러한 측면 때문에 관용은 우리에게 일관된 원리가 아니라 잠정적인 것으로 이해된다. 일관된 원리가 아니라는 것은 관용의 한계를 명시적으로 정하는 것이 불가능하다는 것을 의미한다. 관용이 필요하다는 점에

---

1) 김용환, 『관용과 열린사회』, 철학과현실사, 1999, 68쪽.

대해서는 이견이 있을 수 없으나, 이의 구체적 한계는 불명확할 수밖에 없다. 또한 무한정 관용을 인정하면 그것은 악을 방종하는 문제에까지 이를 수도 있다. 따라서 관용의 실천에는 부정적인 면이 내재되어 있는데, 특히 암묵적인 차별과 갈등을 더욱 심화시키는 것도 포함될 수 있다. 실제로 관용은 타자의 다름을 '표지(標識)'하고 이를 더욱 '강화'하는 방식으로 나타나기도 한다.2) 서구 사회에서 이슬람교도들을 대할 때, 또는 미국이 중동에 대한 강압적 헤게모니를 작동시킬 때, 관용은 오히려 자신들의 행위를 정당화하는 기제로 활용되었다. 이러한 관용의 문제점을 고발하는 사람 중 한 사람이 W. 브라운이다. 그녀는 관용이 정치적으로 부정의와 불평등을 교묘히 은폐하는 방식으로 활용되고 있으며, 특히 서구의 일부 정치인들이 이를 악용하고 있다고 비판한다. 한 마디로 그녀는 "관용이 권력과 무관하다고 믿는 우리 눈의 콩깍지를 제거"3)함으로써 정치적 영역에서 활용되고 있는 관용

---

2) 일상에서의 관용이 내포하고 있는 부정적인 측면에 관해서는 장은주, 「관용: '분열 사회'의 치유를 위한 쉽고도 어려운 처방」, 『철학과현실』, 철학문화연구소, 2004, 112쪽 참조.

3) 브라운, W., 이승철 옮김, 『관용』, 갈무리, 2010, 33쪽(이후로는 본문 내 괄호 속에 쪽수만 표기함). 이런 점에서 브라운의 '관용'은 독특한 위상을 갖고 있다. 대부분의 관용에 관한 논의는 개인의 덕목이나 개인적 실천을 다루고 있으나, 그녀는 개인윤리가 아닌 정치적 담론에서 관용을 고찰하고 있다. 이와 유사한 논의는 1960년대에 마르쿠제가 '억압적 관용'이라는 표제어에서 관용이 억압적 현상태를 유지하는 지배자의 도덕으로 활용되고 있다고 비판하였다(이에 관해서는 김용환, 앞의 책, 69~70쪽 참조).

의 권력적 문제를 드러내려고 한다.

이 글은 브라운의 저서 『관용』4)에 드러나고 있는 관용의 문제점에 관하여 살펴보고자 한다. 그러나 관용의 문제점을 밝히는 것이 관용의 실천을 반대하는 것은 아니다. 많은 경우 관용은 현실의 문제들을 해결하는 데 도움이 될 수 있는 덕목임이 분명하며, 타자를 존중하는 표현의 방식이기도 하다. 그러나 관용이 정치적으로 오용될 경우 단순하게 차이를 묵인할 뿐만 아니라, 겉으로는 타자를 향한 적대 행위를 줄이고 모든 차이를 존중하자고 표출되지만, 실제로는 기존의 지배와 우월성을 더욱 공고히 하는 방식으로 악용될 수도 있다. 그녀가 최근의 이러한 사례로 드는 것은 오바마의 당선이다. 미국 대선 당시 흑인 오바마의 당선은 미국이 추구하는 "관용의 승리"라는 이름으로 찬양되었다. 그러나 사람들이 관용의 이름으로 흑인의 종속이 끝났다고 선언하는 순간, 역설적으로 흑인들은 이 승리를 관용한 백인들의 미국에 다시 종속되었다(8~9 참조). 그러나 오바마의 당선은 관용과 관련된 문제라기보다는 평등의 문제이다. '평등의 옹호'라는 관점에서 봐야 할 것을 '관용의 승리'라고 찬양하는 것은

---

4) 이 책의 원제는 "Regulating Aversion: Tolerance in the Age of Identity and Empire", 즉 "혐오 관리"이다. 그러나 원제는 마치 흔한 내면 관리 서적처럼 오인될 수도 있다. 번역자가 책의 제목을 "관용"으로 택한 것은 좋은 선택이라고 생각된다.

결국 다수의 백인들이 흑인에게 시혜를 베풀었다는 우월감의 재확인 작업이다. 관용은 은밀하게 인종주의와 연결되어 있을 뿐만 아니라, 이를 교묘히 감추기도 한다. 관용의 이러한 특성에 대해서 고찰하기 위해서는 자유주의 내에서의 관용담론이 정치적으로 어떻게 전개되고 있는지 살펴보아야 한다.[5]

2. 관용의 확산과 탈정치화

레이건 시대까지 자유주의의 가장 큰 화두는 자유와 평등이었다. 미국을 비롯한 자유주의 국가는 경제적 성과뿐만 아니라, 이념적인 측면에서도 사회주의보다 우월한 체제임을 주장하는 것에 큰 관심을 기울였다. 그러나 1980년대 후반부터 사회주의 국가들이 붕괴되고 세계화 및 제 3세계로부터의 이민이 급속도

---

5) 오해의 소지를 줄이기 위하여 미리 밝히는 것은, 이 글이 이슬람의 지하드가 정당하다거나 반대로 미국의 군사적 이슬람 대응책이 정당하다고 주장하는 것이 아니다. 그러한 논의는 분명히 중요하고 학술적 가치가 있는 논의일 수 있으나, 이 글의 주제와는 관련이 없다. 즉 이 글은 '정의로운 전쟁이란 가능한 것인가', 내지는 '어떠한 폭력이 정당할 수 있는가' 등을 논하는 것이 아니라, 우리가 개인의 미덕으로 생각하는 관용이 정치적으로 활용될 경우 어떠한 방식으로 부작용을 드러내는지를 철학적으로 분석하고자 한다. 이는 미래 어느 시점 발생할지도 모르는 또는 이미 발생했거나 발생하고 있는 사건들의 이면(裏面)에 포함될 수도 있는 부정적 기제로서의 관용에 대해서도 관심을 기울이자는 것이다.

로 확대되면서, 자유주의 담론은 관용에 관심을 갖게 되었다. 브라운은 이러한 상황을 "관용 담론의 세계적 르네상스"(18)라고 부른다. 특히 1991년에서 2000년까지 연이어 발생한 유고슬라비아 전쟁6)과 1994년의 르완다 내전은 관용에 관한 관심을 더욱 증폭시켰다.

브라운에 따르면, 관용 담론의 세계적 확산은 좌파와 우파 모두 자신들의 이익을 관철하려 했기 때문이다. 좌파는 통합이나 동화보다는 정체성과 차이의 문제를 부각하려 했고, 우파는 다양한 소수자들의 권리요구를 보편적인 것이 아니라 특수한 것으로 축소하려 했다. 그 결과 좌우진영을 가리지 않고 관용 담론은 확장되었다(19 참조). 브라운이 특히 주목하는 것은 부시(G. W. Bush) 정부 이후로 벌어지고 있는 대테러전쟁을 정당화하는 관용 담론이다. 그녀에 따르면, 부시 정부는 관용담론 속에서 미국은 관용을 사랑하지만 이슬람 근본주의자들은 관용을 증오한다고 주장한다(20 참조).7) 이러한 방식의 관용은 타자를 이해하자는

---

6) 유고슬라비아 전쟁은 세르비아계와 타민족 간의 갈등 때문에 발생하였으며, 유고슬라비아 연방군이 슬로베니아와 크로아티아의 독립을 막기 위해 슬로베니아를 침공함으로써 시작되어, 슬로베니아, 크로아티아, 보스니아, 코소보 등지로 전쟁이 확장되었다.

7) 브라운과 유사한 방식으로 프랑스의 관용 담론을 분석한 스코트는 히잡의 착용을 금지하는 주장 속에 프랑스식 공화주의의 우월성에 대한 신화와 이슬람에 대한 인종주의적 환상이 내재되어 있다고 지적한다(Scott, J. W., *The Politics of the Veil*, Princeton Univ. Press, 2007, p. 7).

본래적 의미가 아니라, 특정한 정치 담론을 구성하면서 사회적·정치적 효과를 낳고 있다. 그런데 관용의 정신과 정치적 효과 간의 차이는 관용이 논의되던 맥락이 변했기 때문에 발생하였다. 과거 종교개혁 시기에 관용은 소수의 믿음과 양심의 자유를 보호하는 것을 의미했으나, 1990년대 말 이후의 관용은 주로 보호보다는 다문화적 시민권에, 믿음의 문제보다는 정체성의 문제에 초점을 맞추고 있다. 이러한 관용이 활용되는 맥락의 변화를 브라운은 '갈등을 중재하는 도구'에서 편견에 대한 반대를 의미하던 용어인 '사회적 이상'을 담은 문구로의 변화라고 주장한다 (24). 즉 폭력에 대항하기 위한 '대안'이었던 관용이 이제는 적극적으로 추구해야 하는 공통의 '이상'으로 격상되었다. 그러나 이 과정에서 관용은 변형을 겪게 되면서 순전히 개인적 실천의 덕목으로 여겨졌으며, 정치와는 무관한 것으로 여겨졌다[8].

오늘날 관용은 정신적인 미덕의 하나로서 추천되지만, 어떠한 법률에도 명시적으로 규정되어 있지 않다. 미국 헌법 수정조항 제 1조에 관용을 암시하는 것과 같은 내용이 있으나,[9] 실제로

---

8) 서구의 역사에서 로마제국 이래로 종교개혁시기를 제외하면, 관용은 개인적 자유에 관한 것이 아니었다. 이는 종교집단(밀레트)에 대한 관용으로 표출되었다. 그리고 밀레트제도의 특징은 종교에 기반하여 정치와 법의 집행에서 상당한 자유를 누려왔다. 밀레트가 보여주는 이러한 점은 개인의 관용에 기초하고 있는 프로테스탄트의 관용과는 다른 성격을 갖고 있음을 알 수 있다.

9) 수정조항 1조의 내용은 다음과 같다. "합중국의 회의는 특정 종교를 옹호하거나

관용이라는 문구는 등장하지 않는다. 또한 대한민국의 헌법 어디에도 '관용'이라는 문구는 없다. 이러한 점은 과거 종교개혁 시기에 구체적인 칙령이나 공식적 선언으로서 관용을 강제하는 것과 현재의 관용이 다르게 적용되고 있음을 보여준다. 물론 지금은 과거보다 훨씬 복잡해진 사회가 되었기 때문에 명시적으로 관용의 적용 폭을 설정할 수 없을 것이다. 바로 이러한 이유에서 서구사회 내지 서구화를 지향하는 사회에서 관용은 개인의 내재적 미덕, 자발적 미덕으로 간주된다. 그래서 오늘날 관용은 "법 때문에" 베푸는 것이 아니라, "법에 추가하여" 베푼다(36). 또한 자유민주주의 체제 하에서 일반적으로 법적인 것과 정치적인 것은 동일한 것으로 간주되는 측면이 있기 때문에 법과 직접적으로 관련이 없는 관용은 정치와도 관련이 없는 것으로 간주된다(37). 이러한 방식으로 관용은 탈정치화된다.

그러나 관용은 사적인 것으로 탈정치화되는 동시에 특별한 공동체의 정치적 담론을 역설적으로 형성한다. 개인윤리에서 관용이 불쾌함을 유발하는 것들을 묵과하거나 용인하는 것을 의미한다면, 공동체의 담론에서 관용은 그 이상의 의미를 갖는다.

자유로운 종교 행위를 금지하거나, 언론 또는 출판의 자유를 제한하거나 또는 조용히 집회하고 피해를 구제받기 위하여 정부에 청원하는 인민의 권리를 침해하는 법률을 제정할 수 없다."

즉 관용이 사회적·정치적·문화적·종교적 담론과 결합하게 되면, 관용의 대상이 되는 이들은 관용을 베푸는 이들에 비해 열등하고 주변적이며, 비정상적인 이들로 표지되는 동시에 상대가 관용의 한계를 넘어섰다고 판단될 경우 부과되는 폭력 행위를 사전에 정당화한다(38 참조). 더 나아가 관용은 정체성을 규정하는 것 이상으로 특별한 정체성을 '생산'함으로써 문화를 민족 혹은 인종과 뒤섞고, 믿음과 신념의 문제를 유전적 형질과 결합하는 데 일조한다. 그러면서도 관용은 이러한 정치적 담론 자체를 탈정치화함으로써, 정체성 자체를 관용의 대상으로 자연스럽게 구성한다(38 참조).

관용의 탈정치화는 이런 식으로 불평등, 주변화, 구별 짓기의 문제를 생산함에도 불구하고 이를 단지 개인적인 문제로 제한함으로써 비공식화하기 때문에 잘 드러나지 않는다. 그래서 관용에 의해 야기된 문제들은 정치적인 해결책이 있어야 하면서도 애초부터 정치와는 무관한 문제처럼 인식되곤 한다. 결국, 정치적으로 중요한 문제를 개인이나 집단의 편견 정도로 치부해 버림으로써 사회적 갈등을 단지 상이한 정체성 간의 마찰로 환원시키고, 종교적·민족적·문화적 차이가 그 자체로 갈등을 내재하고 있다고 주장한다. 이 과정에서 정치적 갈등은 자연화(naturalization)되고, 정치적으로 생산된 정체성들은 존재론화(ontologization)된다(40 참

조). 따라서 차이는 해소될 수 없는 정체성의 차이로 고정되어
버린다.10)

그러나 여기서 문제가 되는 정체성이 사회적·역사적으로 형
성된 것일 뿐만 아니라 권력, 헤게모니적 규범 그리고 특정한
담론의 산물이라는 사실은 좀처럼 드러나지 않는다. 이미 자연
화되어 버린 정체성은 단지 관용의 대상으로 여겨질 뿐이다. 결
국 정치적 문제의 원인인 정체성이 관용과 결합하면서 탈정치화
되기 때문에 제대로 공론화되지 못한다.11) 이러한 과정을 이해
하기 위해서는 관용의 정의(定義)와 정치적 담론으로서 관용이
어떻게 실제로 활용되고 있는지에 관한 논의가 필요하다.

---

10) 관용이 정체성의 문제와 연결되는 것은 4장 이후에서 세부적으로 다룬다.
11) 킴리카는 자유주의를 표방하는 다문화국가에서 형식적 평등이 추구하는 것은 다
   수자·다수인종·다수민족의 이익과 관심만을 대변할 뿐이며, 소수자들의 권리와
   이익에는 진정한 관심이 없다고 비판한다. 자유주의자들은 중립적인 선의의 무관
   심 등을 통하여 소수자의 정체성을 특별하게 고려하지 않으므로 공정하고 정의로
   운 사회제도를 만들 수 있다고 주장하지만, 킴리카는 그러한 방식으로 만들어지는
   사회제도는 다수의 이익만을 대변한다고 주장한다. 그가 제시하는 대표적인 것은
   공휴일의 지정, 공식 언어의 선정, 국가 상징물에 관한 결정 등이다. 미국은 국교를
   부정함으로써 종교의 자유를 공식적으로 표방하지만, 실제로 많은 공적 제도는
   기독교에 부합하는 방식으로 정해졌다. 킴리카에 따르면, 이는 사실상 비기독교인
   들에게 불이익을 가하는 것이며, 자유주의의 근본정신에 부합하지 못하는 것이다
   (킴리카, W., 장동진 외 3인 옮김, 『다문화주의 시민권』, 동명사, 2010, 228쪽 참조).

3. 관용의 정의와 실천

『옥스퍼드 영어사전』은 관용의 어원을, '도덕적으로 비난받을 만한 행위를 참고 견디는 것'을 의미하는 라틴어 'tolerare'라고 밝힌다. 이 사전은 관용의 윤리적, 정치적 의미를 다음과 같이 세 가지로 정의한다. 첫째, 고통이나 곤경을 견디는 행위. 둘째, 무언가를 허락하는 행위, 특히 권위 있는 자의 인정이나 승낙. 셋째, 타인의 의견이나 행동을 관대하게 수용하는 태도이다(58~59 참조). 이러한 정의들은 관용이 대상이나 타인에 대한 존중이나 중립적 태도와는 무관하다는 것을 보여준다. 관용은 경멸, 혐오의 감정을 품으나 이를 주체가 포용할 수 있는 '능력'이 있을 때 가능하다. 우리말에서도 관용을 "베푼다"라는 표현에서 보이듯 그것은 주체의 탁월한 '능력'을 전제하고 있다.

관용이 능력과 연관되어 있다는 것은 이 용어의 다양한 전문적 용법에서 더욱 분명해진다. 식물 생리학에서 내한성(drought tolerance)이나 내음성(shade tolerance)은, 식물이 어느 정도의 물 부족 혹은 햇빛 부족을 감당할 수 있는가를 보여주는 지표이다. 약학에서 내성(tolerance)은, 약이나 장기이식과 관련해 신체가 이질적인 요소나 독소를 얼마나 견뎌낼 수 있는지를 가리키는 용어이다. 인체 생리학에서 사용되는 내알콜성(alcohol tolerance)은,

위협적인 요소들을 흡수하고 처리하는 신체의 능력을 의미한다. 통계학에서 허용한계(tolerance) 개념은, 그 통계적 결과를 기각하지 않는 범위 내에서 허용되는 오차 범위를 의미하며, 미국과 캐나다에서 마약이나 가정폭력과 같은 허용할 수 없는 범죄들의 예방책을 '무관용(zero tolerance)정책'이라고 부르기도 한다. 이러한 용법들 속에서 관용은 낯설고 위험한 요소가 자신의 주인/숙주를 파괴하지 않는 선에서 공존 가능한 한계를 나타내기 위해 사용되고 있다(60~61 참조). 그러나 자유주의의 관용 담론에서 내성으로서의 포용력은 단순히 능력을 보여주는 척도가 아니라 하나의 미덕으로 격상된다(300). 이러한 과정을 '능력'과 '미덕'의 단순한 일치로 이해할 경우, 그것은 관용의 정치적 효과를 간과해 버리고 만다.[12]

현실에서 관용은 약자를 보호하기 위해 요구되지만 많은 경우 잠재적으로 해로울 수 있는 차이를 포용하는 덕이라기보다는 차이로 인해 야기되는 위협을 '관리'하는 방식이다. 관용은 타자

---

12) 서구에서 종교의 자유가 확립된 이후, 관용은 일반적인 도덕적 명령으로 여겨졌다. 관용은 17세기 이래로 자유주의와 개인주의의 확립과 연계된 사회계약론의 정당화를 위한 사회구성원의 덕목으로 인식되었다. 실제로 이 당시에 관용은 '동등한 개인들 간'의 권리충돌을 사전에 방지하는 역할을 수행하였으나, 현재 정치적 영역에서 관용은 동등한 개인들의 관계가 아니라, 일방적인 시혜의 방식으로 활용되고 있다. 이에 관해서는 김문정, 「다문화사회와 관용, 그리고 '비지배자유'」, 『철학논총』 83, 새한철학회, 2016, 38~39쪽 참조.

의 타자성을 계속 유지시킨다는 점에서 매우 독특한 타자성 관리 방식이다. 관용은 동화·흡수와 배제·부정의 중간에 위치한다. 관용의 대상은 동화와 흡수처럼 전체의 내부로 편입되지만, 그런데도 그 속에서 여전히 배제와 부정으로서 표지된 채 남는다. 도저히 참을 수 없는 것에 대해서는 관용을 말하지 않으며, 억압적으로 참는 것밖에는 어떤 선택의 여지도 없을 때 보이는 태도도 관용이라기보다는 종속이나 억압이다. 동화와 배제의 중간인 관용은 기본적으로 "선택과 역량의 의미가 담겨 있다"(65). 관용은 수용될 수 없는 타자성에 대한 주체의 관리를 의미한다. 즉 관용이 실천되었다고 하더라도 이질적이고 위협적인 특성은 여전히 계속 유지되는 것으로 인지된다. 한 마디로 "관용에는 지양이 없다"(58).[13] 관용은 수동적인 시민상(像)을 옹호하며 우리의 사회적 삶을 서로에 대한 혐오를 제어하려 애쓰는 고립된 개인 또는 집단의 상호작용으로 축소시킨다(150 참조). 관용은 증오를 해소하기보다는 범죄의 발생을 억제하려는 미봉책일 뿐이다(151 참조).

---

13) 관용은 개인들 간의 윤리만이 아니라, 집단과의 정치적 관계에서도 발생할 수 있는데, 자유주의에서 문제가 되는 관용은 이를 개인의 문제로 축소함으로써 정치적 맥락을 아예 단절시키는 것에서 발생한다. 이에 따라 변증법적 지양의 관계가 소멸되어 버린 정치적 관계는 발전적인 관계로 개선될 수 있는 소지가 애초부터 봉쇄되어 버린다.

결국, 관용이 차이에 대한 적대를 해결하는 것이 아니라, 단지 그것을 관리할 뿐인 한, 많은 경우 관용은 사실상 자발적으로 실천되기보다는 강제적으로 요구된다. 그 결과 관용을 실천하도록 종용받는 이들은 시민윤리와 평화, 진보라는 미명하에 적개심과 분노를 자발적으로 억제해야만 한다. 이 과정에서 관용의 대상으로 여겨지는 사람은 배제를 통해 발생하는 원한과 자기-비하를 낳게 되며, 억지로 관용을 베푸는 사람은 억압된 공격성을 쌓아간다. 브라운은 오늘날 자유주의적 다문화국가에서 발생하고 있는 인종·민족적 갈등의 중요한 원인으로 관용을 지목한다(64 참조). 왈쩌가 주장하듯이 관용에 대한 옹호가 반드시 차이에 대한 옹호는 아니다. 오히려 "불가피한 선택"[14]일 수 있으며, 실제로 관용이 필요한 경우는 이에 해당한다. 그러나 브라운이 주장하는 다문화사회의 관용은 왈쩌가 주장하는 관용과도 차이가 있다.

왈쩌는 다문화사회에서 다양한 집단들을 관용한다는 것이 어떤 의미를 갖는지에 대하여 다섯 가지로 정리하고 있다. 첫째, 16~17세기의 종교적 관용의 기원을 반영한 것으로서 평화를 위하여 체념적으로 차이를 용인하는 것. 둘째, 차이에 대하여 수동

---

14) 왈쩌, 송재우 옮김, 『관용에 대하여』, 미토, 2004, 9쪽.

적이며 완화되고 자비로운 무관심. 셋째, 도덕적 스토아주의의 표현으로서 "내게 마음에 들지는 않더라도 타인은 그의 권리를 행사할 권리를 갖고 있다"라고 원리화하는 방식. 넷째, 타인에 대한 열린 태도. 여기에는 타인에 대한 존경까지도 포함될 수 있다. 다섯째, 차이를 열광적으로 지지하는 태도이다.[15]

왈쩌와 브라운의 관용이 다르다는 것을 이해하는 것은 중요하다. 왈쩌는 윤리적 차원에서 관용을 논의했으나 브라운은 정치적 차원에서 관용을 논의한다. 물론 일견 보자면 브라운이 말하는 관용은 왈쩌가 말하는 첫 번째의 체념적 용인과 비슷한 것처럼 보일 수 있으나, 여기에는 차이가 존재한다. 왈쩌가 말한 근대의 종교와 연관된 관용은 현재의 자유주의의 관용과 다르다. 왜냐하면, 브라운은 자유주의에서 종교적 문제로부터 기인한 관용이 현재에는 종교적 맥락에서 분리되어 있을 뿐만 아니라, 종교적 맥락 자체가 변화했다는 점에 주목하기 때문이다.

---

15) 왈쩌, 위의 책, 27~28쪽 참조.

4. 자율과 관용

1) 관용과 종교

잘 알려진 것처럼 서구에서 종교문제 때문에 관용을 정당화한 사람은 로크이다. 그러나 그는 단지 종교적 관용만을 호소한 것이 아니라, 왕위계승 문제를 종교적인 문제와 연관하는 것도 비판하였다. 즉 그는 정치와 종교를 구별할 것을 주장하였다. "교회와 국가(정치)의 경계선은 고정되어 있으며, 움직일 수 없는 것이다. 이 두 사회를 섞어놓는 사람은 심지어는 하늘과 땅만큼이나 서로 다른 것을 뒤섞어놓는 것과 마찬가지이고, 서로 거의 관계가 없으며 심지어는 반대되는 것을 뒤범벅으로 만드는 것과 마찬가지이다"16)라고 로크는 말한다. 종교는 사후의 영생에 대한 기대감으로 모인 자율적인 사회인 것에 비해, 국가는 현세의 이익을 보존하고 향상하기 위해 구성된 사회로서 "생명, 자유, 건강, 신체의 편안함과 돈, 토지, 가옥, 가구 등과 같은 외적인 소유"17)를 평등한 법을 통해 보장하려고 한다.

이런 식으로 종교를 정치와 분리함으로써 로크는 종교적 믿음

---

16) 로크 J., 최유신 옮김, 『관용에 관한 편지』, 철학과현실사, 2009, 78~79쪽.
17) 로크, 위의 책, 59~60쪽.

을 개인화한다. 그래서 로크는 "사람들이 자신들의 영혼을 돌보는 일은 모두 각자에게 속하는 일이고 따라서 그것은 자기 자신에게 맡겨져야 한다"[18]고 주장한다. 결국, 로크에 의해서 종교는 공동체 내의 신앙인에서 개인적이고 사적인 신앙인으로 변모하게 되었다. 로크에 따르면, 속세의 재산은 출생으로 인해서 자식에게 상속되지만, 교회의 구성원으로 되는 것은 자발적인 방식으로 결정되기에 종교는 자유롭고도 자발적인 사회이다.[19] 로크의 종교 개인화는 1세기 뒤, 프랑스의 볼테르에게 커다란 영향을 끼쳤다. 볼테르는『관용론』에서 영국의 가톨릭교도들은 다른 어느 신교 국가에서 누리지 못하는 자유를 누리고 있다[20]고 보았으며, 영국의 국교를 주제로 다룬『철학서한』제5편지에서 "영국 사람은 자유인으로서 자기 마음에 드는 길을 택하여 천국에 간다"[21]라고 말하였다. 볼테르는 1762년 3월 9일 툴루즈 시의 재판정이 행한 장 칼라스의 사형[22]을 프랑스에서의 종교가 사적인

---

18) 로크, 위의 책, 83쪽.

19) 로크, 위의 책, 65쪽 참조.

20) 볼테르, 송기형·임미경 옮김, 『관용론』, 한길사, 2001, 69~70쪽 참조. 볼테르는 『철학서한』제13편지에서 로크 이상의 논리적인 인물은 없을 것이라고 그를 칭송하고 있다(Voltaire, *Short Studies in English and American Subject*, Vol. ⅩⅨ, partⅡ, College of Du Page Instrutional Resources Center, 1901, p. 33 참조).

21) Voltaire, *Ibid*., p. 212.

22) 신교도인 68세의 아버지 칼라스가 20대의 아들을 죽였다는 죄명으로, 증거도 없음에도 불구하고 종교적 갈등 때문에 다수의 가톨릭교도들이 칼라스를 수레바퀴에

것, 다원화되어야 함을 여실히 보여주는 사례로 이해한다.[23]

그러나 근대 영국에서 진행된 종교의 개인화를 통한 관용은 역설을 만들었다. 즉 믿음이나 신념은 공공의 삶으로부터 분리될 뿐만 아니라 더 이상 공유된 진리의 위치도 차지하지 못하게 되었다.[24] 공동체 내의 다양한 믿음들은 이제 그 믿음이 어떤 공적인 중요성도 없음이 인정되는 경우에 한해서만, 관용의 대상이 될 수 있게 되었다(69 참조). 믿음에 관한 것은 중요하고 심오함에도 불구하고 개인적 차원에만 한정되어 영유되어야 한다는 역설은 동시에 관용 또한 매우 중요한 사회적 가치임에도 불구하고 이를 개인적 가치로 제한시켜 버렸다.[25] 이러한 변화는 일체의 개인의 믿음과 관련된 것을 정치적인 것과 분리하면

매달아 사지를 찢어 죽이는 거열형을 집행하였다.

23) 볼테르는 『철학서한』 제6편지에서, 영국에 한 종교만 있었더라면 그 횡포가 무서웠을 것이며, 두 개의 종교가 있었더라면 서로 목을 잘랐을 것이지만, 매우 많은 종교가 있으므로 행복한 평화 속에 살고 있다고 주장하였다(Voltaire, *Ibid.*, pp. 218~219 참조).

24) 로크는 경험을 통한 개념의 확립으로서 정당한 지식(knowledge)과 믿음에 기초하고 있는 동의(assent)를 구분함으로써 인식적으로 동의는 주관적 확신의 차원으로 제한되고, 종교는 동의에 기초한 믿음의 차원이 된다. 이는 종교적 진리가 불확실하다는 것에 근거하고 있다. 제한된 정부를 주장하는 로크에 따르면, 정부는 종교적 믿음을 강제할 권한을 갖고 있지 못하기 때문에 종교와 정치는 분리되고, 종교에 관해서는 관용이 정당화된다.

25) 브라운은 로크의 이러한 주장이 당시에 매우 급진적이었다고 주장한다. 자신의 교리와 다르다는 이유로 마녀사냥이 자행되던 당시의 상황에서 로크의 입장은 어떤 종파의 입장과도 부합하기 힘든 것이었으며, 따라서 어느 누구도 만족하기 힘든 주장이었다. 그럼에도 불구하고 그의 주장은 해결 불가능한 사태를 타개하기 위한 '실용적 해결책'으로 받아들여졌다(브라운, 앞의 책, 70쪽 참조).

서 사적이고 개인적인 의미로 바꾸어버렸다. 그래서 브라운은 이제 "정치 도덕" 또는 "도덕 정치" 같은 개념은 형용모순이 되었다고 주장한다(70). 이 과정에서 정치적 삶에서 공동체의 위상은 급격하게 축소되고 공동체가 발휘하는 영향력의 기반이었던 믿음의 영역이 개인화됨에 따라 공동체는 더 이상 정치적 삶에서 기존의 영향력을 발휘할 수 없게 되었다.

왈쩌도 종교에서 정치가 분리되는 과정을 브라운과 유사한 방식으로 분석한다. 그에 따르면, 근대 정치제도에서 정교 분리의 핵심은 독단적 성격을 갖고 있는 정치와 종교의 권력이 모두 비관용적이기 때문에 종교가 정치권력까지 가지게 되는 것을 거부하는 것에서 출발하였다. 이는 종교의 비독단화로 이어졌고, 그로 인해 종교의 관용은 확립될 수 있었다. 또한 정치는 민주제를 통하여 한 정치집단이 영속적으로 권력을 누릴 수 없었으며, 자신들의 강령을 법률화로 명시할 수는 있어도 종교처럼 공적 신조로까지 변경시킬 수가 없었기 때문에 관용적인 태도를 취할 수밖에 없었다.26) 이들의 분석에 따르자면, 왈쩌는 관용이 정치적인 영역까지 확장되는 것에 주목했던 반면, 브라운은 믿음의 영역에서 정치가 분리되고, 개인화되는 과정에 주

---

26) 왈쩌, 앞의 책, 149~151쪽 참조.

목한다.

위의 역사적 탐구의 결과는 현재 모든 인류가 추구해야 할 이상처럼 받아들여지는 관용이 특정한 역사적 맥락과 연결되어 있으며, 많은 이들이 쉽게 간과하는 역사적 사실을 새롭게 상기시켜준다. 메이플라워호를 타고 아메리카로 건너간 이들은 불관용적인 구세계에서 탈출하여 새로운 관용의 질서를 신세계에 확립한 것으로 여겨지지만, 사실 뉴잉글랜드에 세워진 초기 정착촌은 매우 교조적인 공동체였다.27) 영국 내에서도 크롬웰을 위시한 청교도들은 매우 불관용적이었으며, 정교의 분리도 반대하였다. 미국의 기원이 종교의 관용을 찾기 위한 목숨을 건 출발이었다는 점은 실제로 그들이 보여준 비관용적 태도를 충분히 감출 수 있었으며, 이로 말미암아 미국적 관용의 역사에는 특정한 역설이 존재한다는 점은 잘 드러나지 않는다. 즉 종교적 관용에서 출발하여 그 후 다양한 분야로 확대된 미국적 관용은 절대적 원리들의 충돌에 대처할 필요성 때문에 등장한 원리이며, 그런 의미에서 일종의 반원리(antiprinciple)라는 역설이다. 이는 자

---

27) 식민지 시대에 세워진 가장 오래된 하버드대학의 원래 교육목표는 청교도의 정신을 확장하는데 기여하는 성직자를 양성하기 위한 것이었다(샌들, M., 이창신 옮김, 『정의란 무엇인가』, 김영사, 2009, 269쪽 참조). 이러한 점은 그들이 고향땅에서 좌절되었던 종교적 국가를 실현하는 것을 열망했으며, 동시에 그만큼 그들이 종교에 경도되어 있었음을 보여준다(김형인, 『미국의 정체성』, 살림, 2003, 58쪽 이하 참조).

신의 광적인 믿음을 관용받기 위해서 다른 종파의 광적인 믿음을 관용한 것이다. 따라서 관용의 필요성은 절대적 원리 간의 충돌을 피하기 위한 임시적인 처방책에 불과했다. 그러나 임시방편적인 관용의 원리는 종교를 개인화한 로크의 사상이 전파된 이후에는 로크의 철학에 밀려서 점차 주목받지 못하게 되었다.

2) 관용과 집단 정체성

20세기 후반에 부활한 관용담론은 개인보다는 집단에 대한 담론으로 부각되었다. 개인의 자율성에 기초한 기존의 관용과 달리, 특정한 인종적·민족적 속성에 의한 실천과 믿음에 관용이 적용되면, 집단의 문화나 속성이 전면에 부각함에 따라, 기존의 자유주의 관용담론을 유지해 온 개인의 자율성이라는 가치는 위기에 처하게 된다(73 참조). 자유주의는 관용의 주체가 개인이며, 이를 자율적으로 실천하는 것이라고 주장하지만, 이제 현실에서 부딪치는 관용의 대상은 개인이 아니라, 집단이다. 이에 따라 다수의 개인들이 특정한 소수 집단의 사람들을 관용의 대상으로 여기게 되었으며, 그 과정에서 자율적 개인과 대비되는 특정한 집단의 정체성은 더욱 드러나게 되었다. 그래서 '관용하는 이들'과 '관용되어야 하는 이들'로의 구분이 강화된다(86 참조).

이러한 변화는 근대의 종교적 믿음에 적용되는 관용과 20세기 후반의 정체성에 적용되는 관용이 근본적으로 상이할 뿐만 아니라, 특정한 정치적인 메커니즘이 그 속에 작용하고 있음을 보여준다. 종교적 믿음은 개인의 자율적 선택에 따른 것이라고 여겨지지만, 정체성은 이미 주어진 것이자 변형 불가능한 것 혹은 주체에 이미 각인된 것으로 여겨진다. 이 과정에서 관용의 대상으로 여겨지는 사람들은 특정한 정체성을 가진 인물로 배제되어 주변화된다. 자유주의의 핵심을 이루는 평등이 동질성에 기초한 원리라고 한다면, 관용은 차이에 기초한 것이며, 그것이 실제로 적용되는 것은 "평등이 제거하거나 축소할 수 없는 차이들을 관리"(75)하는 데 있다. 특히 미국의 자유주의는 특정한 문화·종교와의 관련성을 강하게 부정하기 때문에 특정한 인종·민족의 문화 및 종교와의 연관성을 자신들의 법적 논리로는 해결할 수 없었고, 다만 이를 관리하기 위하여 관용을 강조하게 되었다.

그러나 이런 방식의 관용은 특정한 집단이 평등을 누리기에 적합하지 않은 것으로 드러날 때, 이들에게 가해질 수 있는 부당한 처우를 정당화하는 데에 활용된다. 예를 들어 9.11사건 이후 미국에서는 자유주의의 수호를 명분으로 아랍계 미국인들을 강압적으로 별도 관리하였다. 또한 개인에게 적용되는 관용과 달리 특정한 인종·민족 집단의 정체성에 적용되는 관용은 대상을 비하하면서 자신의 우월성을 강화한다. 서구사회는 자신들의 우월성을 관용을 통해 정당화하고, 문화적 정체성을 분리할 수 없는 삶의 근본적인 것으로 여기는 비서구 사회를 반문명사회로 규정한다. 이에 따라 서구의 도덕적 우월성과 비서구에 대한 서구의 폭력을 정당화한다. 서구사회는 관용을 자신들만의 전유물로 간주하면서 스스로를 문명의 전도사로 자처하는 동시에 해방이라는 미명하에 자행되고 있는 비서구사회를 향한 전쟁을 정당화한다(77 참조). 이러한 서구의 우월성의 배경에는 자율성과 문화의 연관성이 내재하고 있다.

3) 자율성과 종교·문화

현실에서 관용은 개인적 차원에서 상대보다 우월함의 표현으로 종종 나타난다. 이러한 우월함이 정치적인 것으로 집단화되어 표방된 것이 서구의 우월함에 관한 주장이다. 이들은 서구사회를 자유주의와 등치시키고, 비서구—특히 중동의—사회를 비자유주의와 동일시한다. 여기서 비자유주의 세계는 이미 자유화된 서구에 의해서 문명화의 시혜를 받아야 하는 것으로 비하된다.[28]

---

28) 밀(J. S. Mill) 또한 비슷한 주장을 하였다. 밀은 모든 비유럽 사람들에게 만약 그들의 삶이 훨씬 더 개선되는 날이 온다면, 그것은 외국인들에 의해서 이루어질 것임에

서구사회는 이러한 주장의 근거로서 관용을 활용한다. 이들에게 관용은 서구사회만의 고유한 문화적 가치이다. 관용의 고유성을 확립하기 위해 이들은 다음과 같이 주장한다. 서구 자유주의 세계의 사람들은 문화를 '소유'하지만 비자유주의 세계의 사람들은 문화에 '지배'되고 있다. 또는 "우리 문명은 민주주의이지만, 그들의 문명은 문화이다"(245)라는 이분법을 확립한다.

이 이분법은 '개인의 도덕적 자율성' 대(對) '문화'라는 대립구도의 가정 하에서 자유주의 없이는 개인의 도덕적 자율성도 존재할 수 없다고 주장한다(245 참조). 자유주의는 문화로부터 독립되어 있어서 개인적 자율성을 확립할 수 있는 사회이지만, 비자유주의는 문화에 종속되어 있는 열등한 사회로 여겨진다. 그런데 자유주의는 암암리에 인간이 원자적 존재이며, 상호경쟁적인 존재라는 믿음에 근거하고 있다. 그리고 이 믿음은 데카르트 이래로 유지되어 온 이성을 역사·문화라는 비이성적인 것들로부터 분리하려는 '정신의 형이상학'에 기초하고 있다. 이성은 문화적 장소를 초월하며, 이로써 합리적 사유와 특정한 믿음을 분리한다. 결국, 자유주의 담론은 합리성을 문화·정체성과 분리함으

틀림이 없다고 주장했다(Mill, J. S., "Considerations on Representative Government", *Utilitarianism, Liberty, Representative Government*, ed. Action, H. J. M. Dent, 1972, p. 140 참조). 이러한 밀의 주장은 그가 『자유론』에서 주장한, 타인의 복지를 위한다는 명분으로도 그를 간섭할 수 없다는 생각과 모순된다.

로써 자신의 사고방식을 '선택'할 수 있다고 주장한다. 이 논리에 따르면 우리를 규정하고 있는 다양한 귀속적 특성들은 주체를 구성하는 것이 아니라, 단순한 '배경'에 불과하다(247 참조). 즉 자유주의는 '이상적인 개인'을 설정함으로써 자율적인 주체를 정당화한다.

자율적 주체에 관한 논의에서 가장 중요한 사상가는 칸트이다. 그에 따르면 성숙한 인간은 "다른 이의 지도 없이 스스로 지성을 사용"[29]한다. 따라서 합리적 주장과 비판을 펼칠 수 있는 능력은 개인의 자율성의 증거이다. 이에 반해 미성숙한 인간은 합리적이지도 않고 전적으로 자신의 의지에 따라 행동하지도 않는 존재이다. 미성숙한 존재들에게는 문화와 종교가 권위를 가지기 때문에 이들은 문화와 종교에 종속되어 있다. 반면 성숙한 주체들에게 문화와 종교는 출입이 자유로운 하나의 배경일 뿐이며, 주체를 구성하는 요소라기보다는 주체에 외부적인 요소이다(248 참조). 자유주의사회는 자율적인 주체들로 구성된 사회이며, 이 주체는 과거에 문화와 종교가 차지했던 자리에 스스로를 위치시킴으로써 문화와 종교를 자신의 선택 가능한 '대상', 특정한 '삶의 방식'으로 간주한다. 결국 자유주의의 자율적 주체

---

29) 칸트, I., 이한구 편역, 「계몽이란 무엇인가에 대한 답변」, 『칸트의 역사철학』, 서광사, 1992, 13쪽.

는 문화와 종교의 영향력을 소멸시킬 수 있는 능력이 있는 존재이며, 비자유주의 사회의 구성원들은 여전히 문화와 종교에 의해 속박되어 있는 비자유인이며, 주체로서의 정당한 지위도 누리지 못하는 사람이다. 자율적 주체에게 문화와 종교는 자율적 결정을 위한 참고자료[30]에 불과한 반면, 비자유주의의 사람들에게 문화와 종교는 복종의 대상으로 간주된다. 이제 자율적 주체들은 독단적인 문화와 종교로부터 자유롭기에 타자에 대해서도 비독단적인 방식으로 관용을 베풀 수 있는 주체로 설정된다. 반면에 문화와 종교로부터 자유롭지 않은 자들은 관용을 모르는 자들로 구분된다. 이러한 구분에 따라 자율적 주체와 관용하는 주체는 자유주의의 핵심을 이루는 구성원으로 여겨진다.

---

30) 부시(G. W. Bush)가 이라크 전쟁에 관하여 아버지와 상의했느냐는 기자의 질문에 대해서 다음과 같이 대답하였다. "힘을 필요로 할 때 상담하는 아버지는 그 아버지가 아닙니다. 나에게는 좀 더 위대한 아버지가 있지요."(우드워드, B., 김창영 옮김, 『공격 시나리오』, 따뜻한손, 2004, 94쪽) "또한 나는 미국이 자유의 횃불이라고 믿습니다. … 자유는 미국이 세계에 가져다 준 선물이 아닙니다. 그것은 하느님의 선물입니다."(우드워드, B., 같은 책, 88쪽) 이런 부시의 말이 자유주의자들이 생각하는 종교로부터 자유로운 주체의 개념과 실제로 어울리는지는 매우 의심스럽다.

5. 개인주의와 관용의 탈정치화

1) 개인주의와 초문화

자유주의 내에서 자율적 주체와 관용의 주체는 동일하다. 왜냐하면 문화와 종교에 매여 있는 사람은 자율적이지 않지만, 문화와 종교로부터 자유로울 수 있는 사람은 자율적으로 판단하는 사람이므로 관용을 베풀 수 있다고 주장되기 때문이다. 반면, 비자유주의의 주체는 여전히 독단적인 문화와 종교에 매여 있는 존재이기 때문에 관용을 행할 능력이 없는 것으로 여겨진다. 이러한 논리를 따르자면 관용의 세계를 건설하기 위해서는 전 세계의 자유주의화는 필수적이다. 그래서 "개인주의 문화는, 집단 정체성에 대한 집착과 인종주의를 녹일 수 있는 유일한 용해제이다. (……) 관용은 사람들이 그 자신과 타인을 한 명의 개인으로 바라보도록 가르칠 때에만 가능하다"[31]라는 주장이 제기된다. 이러한 주장에 따르면, 자유주의 질서에는 두 가지 특수한 자율성이 존재한다. 첫째, 주체는 문화로부터 자율성을 가진다. 즉 주체는 문화에 선행하며, 문화를 선택할 수 있다. 둘째, 정치는 문화로부

---

31) Ignatieff, M., "Nationalism and Toleration", *The Politics of Toleration in Modern Life*, ed. Mendus, S., Durham, Duke Univ. Press, 1999, p. 102.

터 자율성을 가진다. 즉 정치는 문화보다 상위의 심급이며, 문화로부터 자유로움을 의미한다(269 참조). 이러한 주장의 타당성을 검토하기 위해서는 문화에 대한 세부적 논의가 필요하다.

윌리엄스는 '문화'라는 개념이 엄밀하게 정의할 수 있는 것이 아니지만, 대략 네 가지 정도의 의미를 지니고 있다고 밝힌다. 첫째, 경작을 의미하는 어원 culture와 연관된 물리적 의미, 둘째, 인류의 지적·정신적·미학적 발전을 뜻하는 문명과 유사한 의미, 셋째, 보통 특정한 시기 한 집단의 삶의 양식을 의미하는 인간학적 의미, 넷째, 예술적·지적 유산이나 행위 전반을 일컫는 말이다. 그런데도 그는 이러한 의미가 명확하게 구분될 수 있는 것은 아니라는 점을 분명하게 강변한다.[32]

자유주의 사회는 문화를 개인이 선택하고 사적으로 향유할 수 있는 하나의 '객관화된 재화'처럼 여긴다. 그런데 자유주의 사상은 비문화적 주체를 전제하면서도 이 전제를 공적으로 인정하는 것은 꺼려한다. 왜냐하면 이들은 문화의 사유화를 완전히 승인하게 될 경우, 자유주의의 공공의 삶이 매우 빈곤하다는 것을 인정할 수밖에 없기 때문이다. 즉 문화의 사유화를 인정할 경우, 자신들 사회의 공동체 구성원들이 매우 빈약한 유대감에

---

32) Williams, R., *Keywords: A Vocabulary of Culture and Society*, Oxford Univ. Press, 1983, p. 90 참조.

의해 형성되어 있다는 점을 자인하는 것이기 때문에 공적으로는 이를 거부한다. 또한 만일 문화가 비성숙한 이들에게만 해당하는 것이라면, 이는 문화가 가진 예술적 혹은 문명적 가치를 비성숙한 이들에게만 승인하는 셈이 된다. 자유주의의 논리에 따르자면, 자유주의 담론 속에서 문화는 도덕적·문화적 진보를 의미함과 동시에 도덕과 지적 자율성의 부재를 동시에 의미할 수도 있다. 이러한 모순을 피하려면 이들은 자신들의 문화를 독특하게 설정해야 할 필요가 있었다. 그래서 이들은 자신들의 문화는 서구의 위대함을 보여주는 일부분이지만, 자유주의적 주체는 성숙을 위해 이 문화를 벗어버리고, 세계시민주의의 입장에 서야 한다고 주장한다(272~278 참조). 요약하자면, 자유주의는 문화를 갖지 않은 인간은 상상할 수 없기에 자신들은 문화를 소유하고 있으나, 이는 일종의 초문화라는 현실적으로 납득하기 힘든 주장을 펼친다.

2) 문화와 탈정치화

자유주의의 문화논리에 따르자면, 문화는 집단의 정체성과는 무관한 개인적 향유의 대상이고, 집단적 정체성을 문화 속에서 유지하고 있는 타자는 아직 미성숙한 인간들이다. 결국, 자유주의에서 문화는 종교처럼 탈정치화된다. 자유주의 사회에서는 개인이 문화나 종교적 믿음을 소유할 권리를 가지며, 문화나 종교적 믿음이 개인을 소유하는 것은 성립하지 않는다. 이와는 반대로 근본주의 사회에서는 문화나 종교가 주체를 지배한다(275 참조). 자유주의는 문화를 탈정치화함으로써 자신들의 정치체제를 보편적인 것으로 간주하는 동시에 문화는 특수한 것으로 규정한다. 그리고 특수한 것이 보편적인 것에 종속되어야 한다는 원칙에 따라 정치에 대한 종교의 종속적 지위를 정당화한다. 이러한 논리는 자유주의의의 원칙이 문화적 제국주의의 형태를 띠지 않은 채, 보편화될 수 있는 가능성을 열어주었다(275 참조). 왜냐하면 보편적인 것으로서 자유주의의 원칙은 특정한 문화를 형식상 존중할 수 있기 때문이다. 이 과정에서 자연스럽게 비자유주의의 질서는 그 자체로 편협성, 근본주의, 불관용, 개인화가 덜 된 인간들이 야기하는 위험과 동의어가 되어버렸다. 또한 자유주의는 법과 정치에 의해 지배되는 사회이지만, 비자유주의는 종교와 문화에 의해 지배되는 미성숙한 사회로 규정된다.[33]

---

33) 인간 사회에서 문화가 갖는 중요성을 의식하고 있던 킴리카조차도 문화에 관한 자유주의의 기본도식에 경도되어 있다. 그는 자유주의가 진정으로 자유를 강조한다면, 자유는 자신들의 문화와 불가분의 관계에 있기 때문에 다문화사회에서 소수민족의 문화를 존중해야만 그들의 실제적 자유가 보장될 수 있다고 주장했으나, 동시에 문화를 자유주의화하는 기획을 정당한 것으로 받아들이고 있다(킴리카, W., 장동진 외 3인 옮김, 『다문화주의 시민권』, 동명사, 2010, 193쪽 참조). 그래서

이러한 논리에 의해서 자유주의의 각종 행동은 야만적 행위와는 무관한 것이 되며, 비서구체제와 그들의 행동에 대한 서구 자유주의 체제의 확장을 정당화한다. 또한 비자유주의 체제에 대한 자유주의의 침탈이 내포하고 있는 문화제국주의적 측면을 부인할 수도 있게 된다. 부시(G. W. Bush)가 2002년 아프가니스탄 전쟁의 정당성을 주장하는 발언의 핵심은 관용과 불관용의 구분이었다. "우리는 이 전쟁을 통해 세계를 영원한 평화로 이끌 수 있는 기회를 얻었다. (……) 우리는 우리의 문화를 강요할 생각은 없지만, 인간의 존엄성이라는 타협할 수 없는 요구를 공고히 하려는 것뿐이다. 그것은 법의 지배, 국가 권력의 제한, 여성에 대한 존중, 사적 소유, 언론의 자유, 평등한 정의 그리고 종교적 관용 같은 것들이다."[34] 부시는 법에 의한 지배와 폭력, 종교에 의한 지배를 대립하면서 비서구 사회를 평화와 관용의 적으로 규정하고 있다. 부시에 따르면 비서구사회는 관용의 가치를 알지 못하기 때문에 관용의 대상이 아니다.

20세기 말에 관용에 대한 담론이 급격히 증가한 것은 그만큼

그는 "비자유주의적인 민족들을 자유주의화해야 한다"고 주장한다(킴리카, 같은 책, 56쪽). 브라운에 따르면, 킴리카는 자유주의 사회 역시 특정한 문화적 속성을 지니고 있다는 것을 알고 있음에도 불구하고, 자유주의적 정치적 가치를 비자유주의 사회에 강요하는 것을 정당하다고 생각하는 모순을 범하고 있다(278 참조).

[34] "President Delivers State of the Union Address", United States Capitol, Office of the Press Secretary, 29, January 2002(277~278 재인용).

자유주의의 논리가 비자유주의의 정체성들을 통해서 도전을 받고 있음을 의미한다. 즉 관용은 헤게모니적인 사회문화를 위협하는 문화정체성들의 도전에 대응하기 위하여 강조되었다. 문화적이고 종교적인 차이들로 인해서 발생하는 문제들을 개인화함으로써 공적인 공간에서 표출되는 차이의 문제들을 사전에 제어하려는 것이며, 이를 어길 경우에는 미성숙한 존재로 낙인찍을 뿐만 아니라 관리의 대상으로 삼는다. 결국 관용은 "자유주의의 보편성이 위협받는 순간에 이를 구원"(281)하려는 기제이다.35) 그리고 이러한 기제의 작용은 문명 담론을 통하여 더욱 강화된다.

3) 문명담론

현대 서구사회에서 자유주의 관용담론은 근본주의사회와 자유사회, 야만사회와 문명사회, 유기체적 사회와 개인화된 사회를 구분한다. 이러한 대립쌍들은 서로를 강화하는 방식으로 서구와 타자성을 구분한다. 특히 대립쌍들은 서로 긴밀하게 연결되어 있다고 여겨지기 때문에 사람들은 대립쌍 중 하나가 언급될 때마다 거의 자동적으로 다른 대립쌍들을 떠오른다. 즉 근본

---

35) 현재 세계적으로 확산되고 있는 문화의 갈등과 관련된 논쟁이 끊이지 않고 있다는 것은 자유주의가 주장하는 초문화성이 그만큼 의심스럽다는 것을 보여준다.

주의는 야만성의 온상으로 이해되는 동시에 개인성은 근본주의 하에서는 억제되는 것으로 여겨진다(284~285 참조). 이러한 논리를 더욱 강화하는 것이 문명담론이다.

관용은 근본적으로 비대칭적인 구조를 갖고 있다. 관용은 강자가 베푸는 미덕이며, 약자를 보호하기 위한 경우에도 지배의 양상을 보이게 된다. 왜냐하면 관용의 실천은 일반적으로 고귀한 것으로 여겨지기 때문에 이러한 고귀함의 실천의 대상, 즉 관용의 대상은 항상 그보다 열등한 존재로 여기질 수밖에 없다. 예를 들어 나 자신을 가리켜 "나는 관용적인 사람이다"라고 선언하는 것은 자신에게는 품위와 예의바름, 절제와 아량, 세계시민주의와 보편 및 폭넓은 시야를 안겨주지만, 주변 관용의 대상들은 품위 없고, 무례하며, 근시안적이고 편협한 이들로서 선언한다(285 참조).36) 이렇게 관용담론은 단순히 힘의 비대칭을 선언하는 것 이상으로 신분과 계급, 문명 간의 차이를 담론으로 생산한다. 결국 관용담론은 특정한 비서구적 행위 혹은 체제를 불관용적인 것으로 표지하는 동시에, 서구 문명의 우월성을 주장한다(286 참조). 이 우월성에 기초하여 자유주의 체제는 자신 외부의 사람과

---

36) 이와 관련하여 브라운은 "관용을 설파하는 자유주의 철학자들은 막상 자신들이 관용의 대상이 될 거라고는 상상조차 하지 못할 것이다"(285~286)라고 풍자적으로 비판한다.

국가에게 취하는 비자유주의적 조치들을 정당화하는 데 활용된다. 자유주의 체제는 자신의 문명 지위를 유지하면서 관용 불가능한 것으로 표지된 대상들에 대한 공격을 정당화한다. 부시는 9.11 직후, "문명과 문화, 진보를 증오하는 이들과 타협할 수는 없다. 이들과는 맞서 싸울 수밖에 없다"[37]고 대테러 전쟁의 당위성을 선언하였다. 문명의 횃불인 관용은 문명의 울타리 너머에 있으며 문명에 대립하는 이들에게는 제공되지 않는다(287). 또한 2002년 2월 부시는 "인민을 야만적인 행위로부터 보호하고 세계에 평화를 가져올, 역사적인 전쟁을 수행할 기회를 잡았다"[38]고 선언하였다. 9.11 직후의 언급과 2002년의 언급을 종합하면 부시는 문명과 야만을 구분하고, 야만에는 문명의 관용이 적용되지 않음을 분명히 하고 있다. 브라운에 따르면, 문명과 야만의 명확한 대립 구도 속에서 부시는 제국주의적인 군사조치를 은폐하기 위한 문명과 진보, 평화[39]라는 포장지를 찾았다(287 참조).[40]

---

37) "President Says Terrorists Tried to Distrupt World Economy", Shanghai, Office of the Press Secretary, 20 October 2001(286 재인용).

38) "President's Remarks at 'Congress of Tomorrow' Lunch", White Sulphur Springs, WV, Office of Press Secretary, 1 February 2002(287 재인용).

39) 미국은 자신들의 군사조치의 명분과 부합할 수 없는 비문명적인 사건들을 자신들이 자행할 경우 문제의 근원을 순전히 개인적인 탓으로 돌린다. 예를 들어 린디 잉글랜드 이병은 이라크 전쟁 포로 학대 사건으로 기소되어 3년 형을 선고 받았는데, 이를 개인적인 정신건강의 문제로 환원하려 지속적으로 노력했다. 반면 반대되는 사례가 있을 때는 이를 적의 본성이라는 말로 집단화 시킨다.

6. 나아가며

갈등과 분쟁의 시대를 사는 우리에게 "평화적 공존을 모색하지 않는다면 결코 도덕적 선택이라고 할 수 없다"[41]는 왈쩌의 말은 매우 유의미하게 들린다. 특수한 정치적 목적에서 활용되는 관용은 평화적 공존을 모색하기 위한 미덕이 아니다. 이런 방식의 관용은 타자성에 대한 규정을 통하여 독단적인 자신의 정체성을 강화하며, 차이를 지양될 수 없는 근본적인 것으로 간주함으로써 지배 체제를 정당화하는 헤게모니의 수단으로 사용되곤 한다.

단일민족으로 이루어져 있다는 것이 신화라고 하더라도, 상당히 동질적인 민족으로 구성된 국내에서도 각자의 이익에 눈이 어두워져 평화적 공존이 어려운 현실을 생각해 볼 때, 다문화사회나 국제사회에서 평화적 공존이 얼마나 어려운 일일지는 가늠하기조차 힘들다. 그렇다고 해서 무조건 평화만을 강조할 수는 없다. 왜냐하면, 사회 구성원 간에 발생하는 차이로 인한 문제는 평화적 관용이나, 용인만으로는 해결될 수 없기 때문이다. 위에

---

40) 문명담론에 기초하고 있는 미국의 군사조치는 이슬람을 Terrorism으로 규정하고 이를 Militarism으로 대응하는 거대한 조직적 방식이다.

41) 왈쩌, 앞의 책, 17쪽.

서 살펴본 것처럼 문제를 감추는 방식으로 유지되는 평화적 관용은 오히려 더욱 큰 문제를 배태하고 있다. 정치적인 방식으로 논의되어야 할 문제는 어떠한 방식으로든 인정투쟁의 형식으로 표현되어야 한다. 인정투쟁이 반드시 무력적 충돌을 의미하는 것은 아니며, 인간은 근본적으로 '이해의 존재'라는 점을 생각해 본다면, 실제 현실에서 인정투쟁은 무력충돌 보다는 상호 이해를 추구하는 방식으로 나타날 수 있다.

우리가 이해하고 이해되기를 원하는 한, 우리는 대화할 수 있으며, 현실에서 소통이 어렵다고 하더라도 대화를 포기할 수는 없다. 대화를 포기한다는 것은 이해하고 이해되기를 포기하는 것과 마찬가지이기 때문이다. 굳이 '이해하려는 선한 의지'를 언급하지 않더라도 공존을 추구한다면, 우리는 자신이 말하는 만큼 타자의 목소리도 들어야 한다. 타자의 목소리를 배제하려는 관용의 탈정치화가 우리에게 주는 메시지가 있다면, 선한 미덕도 공적인 의미를 잃어버리고 개인화되고 오용되면, 그 원래의 의미가 퇴색하며, 그만큼 우리는 불관용적이면서도 관용의 가면을 쓰면서 살아갈 가능성이 높아진다는 것을 알려주고 있다.

참 고 문 헌

김문정, 「다문화사회와 관용, 그리고 '비지배자유'」, 『철학논총』 83, 새한
　　　철학회, 2016, 33~52쪽.

김용환, 『관용과 열린사회』, 철학과현실사, 1999.

김형인, 『미국의 정체성』, 살림, 2003.

로크 J., 최유신 옮김, 『관용에 관한 편지』, 철학과현실사, 2009.

볼테르, 송기형·임미경 옮김, 『관용론』, 한길사, 2001.

브라운, W., 이승철 옮김, 『관용』, 갈무리, 2010.

샌들, M., 이창신 옮김, 『정의란 무엇인가』, 김영사, 2009.

왈쩌, 송재우 옮김, 『관용에 대하여』, 미토, 2004.

우드워드, B., 김창영 옮김, 『공격 시나리오』, 따뜻한손, 2004.

장은주, 「관용: '분열사회'의 치유를 위한 쉽고도 어려운 처방」, 『철학과
　　　현실』, 철학문화연구소, 2004.12.

칸트, I., 이한구 편역, 「계몽이란 무엇인가에 대한 답변」, 『칸트의 역사철
　　　학』, 서광사, 1992.

킴리카, W., 장동진 외 3인 옮김, 『다문화주의 시민권』, 동명사, 2010.

Ignatieff, M., "Nationalism and Toleration", *The Politics of Toleration in
　　　Modern Life*, ed. Mendus, S., Durham, Duke Univ. Press, 1999.

Mill, J. S., "Considerations on Representative Government, Utilitarianism, Liberty", *Representative Government*, ed. Action, H. J. M. Dent, 1972.

Scott, J. W., *The Politics of the Veil*, Princeton Univ. Press, 2007.

Voltaire, *Short Studies in English and American Subject*, Vol. XIX, part II, College of Du Page Instrutional Resources Center, 1901.

Williams, R., *Keywords: A Vocabulary of Culture and Society*, Oxford Univ. Press, 1983.

다문화주의에서 문화와 관용※

: 킴리카의 『다문화주의 시민권』을 중심으로

김 선 규

1. 들어가는 말

이 글은 자유주의와 다문화주의의 공존을 모색하기 위하여 자유주의의 핵심 개념들을 비판적으로 검토한다. 자유주의에 대한 검토를 수행하는 것은 자유주의가 다문화주의의 수용기반이기 때문이다. 자유주의는 개인의 자유를 보편적 인간의 권리로서 사회구성원 각자에게 절대적으로 보장하는 사상이다. '각자는 자기 자신에 대해 절대권을 갖는다'는 신념은 근대의 인간중심

※ 이 글은 『다문화콘텐츠연구』18집(2015년 4월 30일 발간)에 게재한 「자유주의적 다문화주의에서 문화와 관용의 문제」를 수정 보완하여 작성함.

사상과 맞물려서 자유주의를 초문화적인 보편적인 원리로서 널리 수용되게 만든 근본적 동력이다. 자유주의에서 주장하는 보편적 개인에 대한 이러한 무한한 긍정은 휴머니즘의 정점이며, 모든 정치사상의 기초로서 받아들여지곤 한다. 20세기 이후, 자유주의는 전 세계로 확대되면서, 자유주의가 최종적인 이데올로기의 승리자인 듯 보였지만, 최근에는 이러한 자유주의에 대한 강력한 도전이 자유주의 국가 내부에서 다문화주의를 통해 표출되고 있다. 특히 세계의 주도적인 국가들이 다문화주의에 대한 재검토를 선언하면서, 다문화주의는 자유주의에 용해되지 못하는 사상이라는 견해가 널리 퍼지고 있다. 이에 따라 이미 다문화사회가 된 국가뿐만 아니라, 다문화사회로 급속히 진입하고 있는 국가에서도 다문화주의는 불안의 싹으로 인식되고 있다.

그러나 자유주의와 다문화주의의 갈등과 분쟁은 최근에 갑자기 발생한 것이 아니다. 실제로는 더욱 긴급하고 중대한 사안들에 가려져 있다가, 그것들이 해소됨에 따라 자연스럽게 문제로 드러났다. 즉 자유주의와 다문화주의의 갈등은 사실상 자유주의의 내재적인 모순으로부터 유래된 것이지 급속한 세계화로 인해 갑자기 발생한 문제가 아니다. 자유주의는 근본적으로 다원주의의 성향을 갖고 있으며, 이는 다문화주의와 밀접하게 연관되어 있기 때문이다. 자유주의와 다문화주의의 갈등과 연관된 문제를 이해하려면, 우리는 먼저 자유주의의 내적인 문제점은 무엇인지를 성찰해야만 한다. 또한, 자유주의에서 다문화주의와의 갈등으로 생기는 문제의 모든 책임은 다문화주의에 있는 것으로 간주하는 사고는 진지한 탐구를 위해서 지양해야 한다. 자유주의를 역사의 최종적 승자로서 간주하는 것은 비역사적인 사고일뿐만 아니라, 비자유주의적인 발상이다. 자유주의는 근본적으로 반완전주의 또는 반본질주의적인 입장이기 때문이다.

이 연구는 이러한 문제의식 하에서 다문화주의가 자유주의와 공존할 수 있을 뿐만 아니라, 자유주의의 발전에도 기여할 수 있음을 보이고자 한다. 무엇보다도 다문화주의는 자유주의의 내적인 문제점을 보여줌으로써 자유주의가 간과하고 있는 결함이 무엇인지를 알려준다. 이런 점들은 자유주의에 대한 내적 성찰과 긴밀하게 연결되어 있다. 먼저 왜 자유주의는 다문화주의에 우호적이지 않은지를 해명한다(제2장). 그리고 자유주의가 구성원 각자의 자유를 보장하기 위해 설정한 문화중립성의 개념을 검토한다(3장 1)). 자유주의에서 일반적으로 채택하고 있는 문화중립성은 '선의의 무관심'이라는 개념과 밀접하게 연관되어 있다. 그런데 문화의 근원성을 인정하는 多'문화주의'와 문화중립성 내지는 '반문화주의'를 표현하고 있는 '선의의 무관심'은 양립할 수 없는 개념이다. 자유주의 내에서 선의의 무관심이라는 개념에 내포되어 있는 한계와 문제점을 살펴본다(3장 2)). 자유주의의 핵심인 개인의 자유는 사회 고유 문화와 불가분의 관계가 있다. 즉 어떤 국가가 다민족국가라면, 그 국가 내에서 소수자의 자유권의 보장은 그들의 고유문화와 직접적으로 연결되어 있다. 따라서 소수자의 권리보호는 문화의 보호를 동반할 수밖에 없다는 것을 논한다(3장 3)). 그리고 자유주의를 지탱하는 핵심 개념인 관용의 문제점에 대해서 살펴본다(4장 1)). 마지막으로 왜 자유주의는 형식적인 절차에 치중하게 되었는지, 그것이 함축하고 있는 귀결은 무엇인지에 대해서 논한다(4장 2)).

2. 자유주의와 다문화주의의 공존과 갈등

자유주의 사상의 특징에 관하여 존 그레이는 다음과 같이 규정한다. 첫째, 특정한 사회 집단의 주장에 반대해서 개인의 도덕적 우위를 주장하는 개인주의다. 둘째, 모든 인간에게 평등한 도덕적 지위를 부여하고, 인간들 사이의 도덕적 가치에 따라 법적, 정치적 차별을 부정하는 평등주의다. 셋째, 개인의 도덕적인 통일성을 특정한 역사적 연합과 문화적 형식보다 더 우선시 하는 보편주의다. 넷째, 사회 제도와 정치 협정의 수정 가능성과 개량 가능성을 주장하는 개량주의다.[1] 자유주의는 개인의 권리를 강조하기에 개인의 권리가 공동선으로부터 독립된 가치를 갖는다고 주장한다. 따라서 모든 개인은 존엄한 존재로서 절대적 주권을 갖는 존재로서 이해된다. 타자와 관련되어 있지 않은 한, 즉 타자의 자유를 침해하지 않는 선에서 개인의 자유는 절대적이다. 오직 허용되는 간섭은 자기방어의 경우뿐이다. 심지어 그의 복지를 증진한다는 명분도 그에 대한 간섭의 정당한 사유가 될 수 없다.[2] 다양한 개인들이 절대적 가치의 기준으로 확립됨에 따라 자유주의는 필연적으로 다원주의의 색채를 갖는다. 다원주의의 존립 근거는 자유주의이고, 자유주의의 구체적인 발현이 다원주의이다. 다문화주의 또한 다원주의의 한 양상이다. 따라서 원리상 자유주의와 다문화주의는 이질적인 것이 아니다.

그런데도 역사적으로 볼 때, 자유주의는 다문화주의에 대해 큰 관심을 두지 않았다. 다문화주의라는 용어 자체가 1970년대에 캐나다에서 처음 등장했다는 것을 고려한다면, 자유주의적 다문화주의에 관한 연구는 아직 이론적 초창기라고도 할 수 있다. 자유주의의 원류이며, 19세기에 다문화적 제국을 건설한 영

---

1) John Gray, *Liberalism*, Stoney Straftford, Open Univ. Press, 1986, pp. ix~xi 참조.
2) 존 스튜어트 밀, 김형철 옮김, 『자유론』, 서광사, 1992, 29~30쪽 참조. 밀은 개인의 절대권에 관하여 "그 자신만이 최후의 심판관"이라고 강조하고 있다(같은 책, 138쪽 참조).

국에서조차 다문화주의에 관한 연구가 최근에 이루어졌다는 것은 매우 역설적이다.[3] 더구나 다문화주의를 수립하기 위한 기초로서 다양한 문화의 존중이라는 미덕은 정치적으로 악용된 역사적 경험이 있기에, 많은 이들에게 다문화주의는 일종의 두려움까지 불러오게 되었다. 2차 세계대전 이전에 국제연맹에서는 다양한 인종과 문화의 보호라는 명분으로 소수민족이 다수민족과 동등한 상호적 권리를 갖고 있다고 규정했으나, 나치의 정부는 오히려 이를 폴란드와 체코 침공의 빌미로 활용해 버렸다. 세계 2차 대전 이후에는 냉전체제에 의한 대립으로 민족적 문화적인 갈등은 전면에 부각되지 않았다(4쪽 참조).

그러나 냉전의 종식과 함께 자유주의의 최종적인 승리가 확정된 듯한 1990년대 이후로 서구에서 급속도로 다문화주의와 관련된 갈등이 확대되고 있다. 이러한 역사적 전개 과정은 다문화사회에서 그동안 갈등의 요소가 실제로 존재하지 않은 것이 아니라, 더욱 긴급한 중대 사태에 가려져 있었던 것뿐임을 보여준다. 이는 앞으로 다문화사회에서의 갈등이 더욱더 깊어질 수 있음을

---

3) 19세기에 다문화제국을 수립한 영국 내에서 다문화주의에 대한 논의가 거의 없는 것은 역사적 변화 속에서 논의의 적시성이 사라져 버렸기 때문이다. 자유주의의 세계적인 확대와 더불어 다문화주의로 인해 발생한 문제가 크게 부각되는 시점에서 영국의 제국주의는 쇠퇴해 버림으로써 이와 관련된 실제적인 논의는 더 이상 진행되지 못했다(월 킴리카, 장동진 외 3인 옮김, 『다문화주의 시민권』, 동명사, 2010, 112~116쪽 참조, 이후로는 본문 내 괄호 속에 쪽수만 표시).

의미한다. 신자유주의의 확대와 더불어 국가 경제라는 말이 무색해질 정도로 세계화는 급속도로 진행되고 있으며 문화의 융합도 마찬가지의 현상인 것처럼 보인다. 그러나 엄밀하게 말해 이러한 세계화는 균등한 통합을 지향하는 것이 아니다. "세계화는 종종 동질성을 향한 추세라고 오해되고 있다. 그러나 자본 및 재화가 국경을 넘어 자유로이 이동하는 전 지구적 시장은 지방, 국가, 지역 간의 차이로 인해서 발생한다."[4] 즉 현재의 세계화는 통합을 추구하는 것 같지만, 실제는 분화를 같이 양산하고 있으며, 이러한 분화 속에서 문화적 갈등은 더욱 증폭될 수밖에 없다.

3. 시민권과 문화의 문제

1) 시민권과 문화중립성

자유주의 국가 내에서 다문화주의로 인해 생기는 갈등과 문제를 해결하기 위해, 1970년대 이후로 다양한 논의가 있었음에도, 대부분의 논의는 단순한 이론적인 차원을 벗어나지 못했다. 킴

---

4) 존 그레이, 김영진 옮김, 『전지국적 자본주의의 환상』, 창, 1999, 92쪽.

리카에 따르면, 이런 상황은 기존의 다문화 연구가 고대 그리스의 도시국가를 이상적인 모델로서 간주하였기 때문이다. 그 결과 현실의 다양한 측면을 담아내지 못하고 너무 쉽게 일반화된 결론을 도출해 버리고 말았다(3쪽). 즉 서구사회의 자유주의에 관한 연구는 고대 그리스와 같은 동질적인 공동체를 가정하고 수행되었다. 이는 자유주의가 '인류'라는 보편성으로부터 유래한 것이 아니라, 개별 민족과 관련된 특수성을 반영하고 있음을 뜻한다. 다시 말하면, 자유주의의 발상은 보편적 인류를 지향하는 것처럼 논의되지만, 실재의 그 양태는 특정한 민족에 기반하고 있는 정치적 논의의 틀을 벗어나지 못했다. 사무엘 블랙은 자유주의 이론가들의 논의가 처음에는 인간에 대한 논의에서 출발하지만, 결국에는 시민에 대한 논의로 전환됨에도 불구하고 이를 설명하거나 심지어 인지하지도 못하고 있다고 비판한다(257쪽 참조). 즉 자유주의의 기본 논의는 '인간의 평등'이 아니라 '시민의 평등'이라는 구도를 벗어나지 못하고 있다.

킴리카에 따르면, 시민권은 보편성에 기초한 개념이 아니라 본질적으로 "집단 차별적 개념(an inherently group-differentiated notion)"(256쪽)이다. 즉 시민권은 자유와 평등을 근거로 하고 성립한 자유주의의 근본정신과 부합하지 못하고 있다. 만일 자유주의가 자유와 평등이라는 인간의 보편적 권리에 의거하고 있다면, 최소한 자유주의 국가들 간에라도 완전한 개방국경 체계를 선택해야 한다. 그러나 이런 국가체제를 채택하거나, 이러한 논의를 지지하는 자유주의 사상가는 거의 없다. 이는 자유주의가 시민권에 기반하여 특별한 권리를 차별적으로 처우하는 것을 의미한다. 즉 자유주의는 개인들을 특정한 집단 귀속성과 무관한 보편적인 개인으로서 대우하지 않는다. 결국 자유주의 국가들은 개인들의 일률적 권리와 기회를 보호하는 것뿐만 아니라, 사람들의 문화적 구성원 지위를 보호하기 위해 존재하며, 그렇기에 이민과 관련된 국경정책 등은 정당화된다.

그리고 보호받아야 할 문화적 구성원의 지위는 그가 속한 사회의 고유문화와 밀접하게 연관되어 있음은 자명하다. 따라서 "다민족 국가에서 일부 사람들의 문화적 구성원 지위는 해당 국가 내에서 오직 (그가 속한 고유문화에 대한) 집단 차별적 권리를 지지함으로써만 인정되고 보호될 수 있다"(258쪽). 즉 어떤 국가가 다민족국가라면, 그 국가에서 특정 집단 구성원에게 시민권을 국한하거나 특정한 문화에 대한 우리의 귀속성을 인정하고 보호하는 것은 국가 내에서 집단차별적 권리를 허용해야 하는 핵심적인 이유이다.

또한 자유주의 내에서 사회고유문화가 중요하게 다루어져야 하는 이유는 특정한 개인이 가치관을 형성하거나 수정하는 것과 사회고유문화가 긴밀히 연결되어 있기 때문이다. 그런데 개인의 선택의 맥락이라는 것은 완전히 임의적인 것이 아니라, 사실상 문화에 의해 우리에게 전수된 '선택지의 범위'에 불과하다(259쪽 참조). 이 점은 소수민족의 집단차별적 권리가 부정의한 것이 아니라, 자유주의적 평등의 원칙과 어떻게 부합하는지를 설명해준다. 롤스가 명시적으로 말한 것처럼, 도덕적으로 자의적인 불이익이 출생 시부터 발생한다면, 이러한 불공정은 제거하거나 보상되어야 한다.[5] 인종차별이 자의적인 부정의인 것처럼 소수민족의 문화적 가치를 인정하지 않는 것도 마찬가지의 부정의이다.

집단차별권에 반대하는 이들은 '차별적 시민권'이라는 개념이 형용모순일 뿐만 아니라, 사회의 통합적 기능을 수행할 수 없을 것이라고 우려한다. 이들에 따르면, 집단차별권은 사회적 화합을 증진하지 못하고 오히려 불화를 가져오는 요인이다. 그러나 킴리카에 따르면, 이러한 주장은 지나친 우려이다. 이는 다문화 국가에서 집단차별권의 의의는 분리가 아니라 통합을 지향하는 것이기 때문이다. 예를 들어 시크교도나 정통 유대교 신자들에게 전통 복장을 착용하고 기마경찰이나, 공무원이 될 수 있도록 허용하는 것은 그들이 분리를 갈망해서가 아니라, 오히려 광범

---

5) John Rawls, *A Theory of Justice*, Oxford Univ. Press, 1971, p. 96 참조.

위한 공동체에 참여하고자 하는 욕구 때문이다(365쪽 참조). 그리고 이러한 것을 허용하는 것은 더 큰 평등의 실현이라는 측면에서 자유주의의 근본 이상과 부합한다.

그러나 다문화사회에서 시민권만으로 소수자를 보호하는 것이 불충분하다는 것은 역사적으로 분명하게 확인할 수 있다. 시민권 개념은 소수민족의 문화적 정체성을 보장하지 못할 뿐만 아니라, 이들의 자유를 침해하며, 결국에는 부정의를 양산하였다. 예를 들어, UN에서 다문화사회인 신대륙의 국가들에게 소수자들을 보호하기 위한 '시민적 및 정치적 권리에 관한 국제규약 27조'를 채택하기를 요구했을 때, 명백한 다문화국가인 북미의 신대륙 국가는 자신들은 이민국가(immigrant countries)이므로 소수자들의 권리문제와는 상관이 없다는 주장을 하였다(44쪽 참조). 이들의 주장은 자유주의 국가에서 소수자의 권리는 보편적 자유권의 개념 아래에서 포섭할 수 있는 문제이기 때문에 별도의 권리규약이 필요하지 않다는 것이다. 결국 상당수의 자유주의자들은 "인간을 문화와 역사, 전통을 통해 형성된 정체성을 가진 사람으로 보기보다 이 모든 것과 분리된 보편적 개인으로만 보고자 한다".[6] 인간은 정체성과는 상관없는 보편적 개인으로 존

---

6) 이상형, 「다원주의의 성공과 실패: 자유주의적 공동체」, 『사회와 철학』 26, 사회와 철학연구회, 2013, 101쪽.

재한다는 신념이 정당화되는 경우에만 이들의 주장은 타당할 수 있는데, 그러한 신념이 상식에 부합하지 않는다는 것은 자명하다.

2) 선의의 무관심 또는 비차별 원칙

구성원들의 권리를 규정하는 데 있어서 시민권만으로 충분하다는 주장은 '보편적 인간'이라는 가상으로부터 도출된 주장이다. 이를 좀 더 면밀하게 이해하려면, 일반적으로 '선의의 무관심(benign neglect)' 또는 '비차별(non-discrimination)' 원칙이라고 불리는 개념을 검토해야 한다. 많은 자유주의자들은 선의의 무관심이라는 원칙을 통해 다원화된 사회에서 발생하는 문화적 차이를 극복할 수 있다고 생각한다. 이들은 다문화사회에서 '인종을 고려하는 정책'을 통해 소수의 구성원을 특별한 배려의 대상으로 여기는 것은 '피부색 불문'이라는 자유주의의 평등원칙에 부합하지 못하며, 오히려 부정적인 결과만을 양산한다고 주장한다. 즉 집단적 차이를 인식하게 하는 것은 차이를 강조함으로써 통합과 공존이 아닌 분리를 지향한다는 것이다. 더욱 심각한 것은 차별의 원칙이 열등성의 낙인이며, 심지어 인종주의를 표방하는 것으로 여겨질 수도 있다. 이들에 따르면, 구성원의 문화적, 인종적 차이는 고려의 대상이 되어서는 안 되고, 우리는 그러한 차이를 인식해서도 안 된다. 특히 이들은 인종, 문화, 민족의 차이에 대한 정치적 인정과 지지를 반대하며, 나아가 특정한 정치력을 행사하는 집단으로 형성되는 것을 극도로 혐오한다. 이러한 입장을 표방하는 자유주의자에게 특수성을 의식하는 것은 비자유주의적일 뿐만 아니라, 반인류적인 것으로 여겨진다.

그러나 킴리카는 선의의 무관심이 자유주의가 확대되는 역사적 과정에서 실제로 존재하는 다양한 민족적, 문화적 차이를 포용할 수 있는 보편적인 개념이 아니라, 우연적인 상황으로부터 도출된 제한적인 개념이라고 주장한다(105쪽 참조).[7] 즉 선의의 무관심은 무시간적으로 통용될 수 있는 보편적인 개념이 아니라, 특수한 역사적 상황에서 유래했기에 특정한 맥락에 근거한 제한적인 개념이다. 따라서 이 개념이 그 원래의 의미를 벗어나 다른 맥락에서 주장될 경우, 오용과 왜곡된 결과를 야기하게 된다는 것이다. 그에 따르면, 선의의 무관심은 실제로 중립적 개념이 아니라, 특정한 가치체계에 대한 편향된 인식의 결과물이다. 이에 따라 이 개념은 역으로 다문화사회에서 소수자 및 소수민

---

7) 이에 관해 킴리카가 언급하는 구체적인 역사적 상황은 비유럽문화에 대한 인종중심적 모욕, 국제평화와 안버에 관한 두려움, 미국에서의 인종차별 대우철폐 결정 등의 우연적 요인들이다.

족에 대한 차별을 정당화하는 논의의 근거로 실제로 활용된다. 한 개인의 권리를 특수한 집단적 귀속성과 관계없이 모든 이들에게 부여하는 다민족국가에서 이들이 주장하는 중립성은 사실상 주류 집단에게 특권을 부여하는 주장이다. 일례로, 공휴일의 지정, 공식 언어의 선정, 국내 행정경계의 확정, 국가상징물에 대한 결정 등의 문제들은 모든 문화적 차이를 포섭하는 중립적인 방식으로 논의될 수 없다.[8] 국가에서 이러한 사안들을 결정하는 것은 불가피하게 특정한 문화적 정체성을 촉진하게 되고 그럼으로써 다른 문화정체성들에는 불이익을 주게 된다. 더욱 큰 문제는 선의의 무관심이, 소수의 구성원들이 다수의 구성원들은 겪지 않는 고통을 겪고 있다는 사실을 은폐시키며, 그 결과 그들의 사회적 지위를 영속적으로 주변화한다는 점이다(221쪽, 228쪽 참조). '비선택적 불평등'을 교정하는 것이 정당하다면, 비선택적인 문화정체성에서부터 발생하는 불공정은 교정되어야 한다.

자유주의자들이 근본적으로 동질적인 문화 또는 민족을 암암리에 전제하고 있다는 것은 개인의 자유가 문화와 민족의 고유

---

8) 여기에 해당되는 것은 공적인 여러 상징물 및 제도들이다. 예를 들어 국기(國旗), 국가(國歌) 및 각종 공적 행사뿐만 아니라, 가장 공정해야 할 법원 선서, 국가 수반의 취임선서 등도 사실상 선의의 무관심과는 무관하다. 서구사회에서 이러한 제도들은 사실상 기독교에 적합한 방식으로 채택된 결과이다. 킴리카는 국가와 문화를 분리하여 모든 사람을 공평하게 만족시킬 수 있다는 선의의 무관심을 하나의 신화로서 규정한다(236~238쪽 참조).

성으로부터 분리될 수 없음을 의미한다. 그렇다면 다문화국가에서 다양한 문화에 대한 인정은 다양한 민족의 고유성 유지뿐만 아니라, 근본적으로 그들의 자유에 대한 보장이라는 측면에서 마땅히 받아들여져야 할 것임에도 불구하고, 사실상 자유주의는 이에 대하여 이중적인 태도를 갖고 있다. 즉 그들은 자신의 주류 문화에 대해서는 문화의 근본성을 인정하면서도, 소수자들의 문화에 대해서는 그들의 문화적 근본성을 부인하였다. 이들의 태도는 서구우월주의로부터 나온 주장일 뿐, 자유주의의 근본 원리로서 자유와 평등에 부합할 수 없는 주장이다. 결국 자유주의는 모든 문화를 평등한 입장에서 고려하지 않는다. 이러한 자유주의의 주장이 정당화될 수 있으려면, 문화적 차이가 실제로 가치 서열의 체계로서 확정될 수 있어야만 한다. 그러나 자유주의의 근본 신념은 이러한 가치 체계의 서열화를 반대하는 입장이기에 이러한 주장은 정당성을 얻지 못한다.

3) 사회고유문화와 자유

킴리카에 따르면, 자유주의 사상의 심층에 내재하고 있는 공통의 사회고유문화라는 것이 항상 존재한 것은 아니며, 근대화의 과정에서 유래하였다. 그는 공통의 사회문화가 근대화의 과정 중에 형성되었음을 표준화된 언어의 수립과 연관하여 다음의 세 가지로 제시한다. 첫째는 경제적 발전을 위해서는 공통의 언어적 능력이 필요했다. 근대 이전에는 소규모 공동체의 형태를 띤 지엽적인 한계를 벗어나지 못하던 경제권역이 지역적·계층적으로 확산됨에 따라 소통을 위한 공통의 언어능력은 필수적이었다. 둘째는 민주주주의 확대와 더불어 시민들이 서로에 대한 희생을 받아들일 수 있게끔 만드는 사회적 연대감이 강하게 요구되었다. 이 역시 공동체의 규모가 확대되는 것과 연관되어 있다. 마지막은 공통적 문화의 확산은 기회의 평등이라는 근대적 신념으로부터 발생하였다. 따라서 사회고유문화는 공통의 언어와 역사를 공유함으로써 근본적으로 확보될 수 있는 것이다(158~159쪽 참조).[9]

자유주의를 지탱하는 사회고유문화에 대한 논의는 공통적 문화에 대한 강한 신념을 반영하고 있다. 그리고 이러한 신념은 자유주의가 다문화주의와 공존하기 위한 논의의 장이 애초부터 거부되고 있었다는 것을 보여준다. 킴리카가 지적하듯이 자유주

---

[9] 토도로프는 중세시대에 다양한 경제적 계급이나 카스트들이 공통적인 문화를 공유할 것이라는 생각은 존재하지 않았다고 주장한다. 즉 문화와 민족을 동질적인 것으로 간주하는 것은 근대 이후의 사고방식인 것이다. 근대 이전의 문화의 특징은 작은 지리적 단위의 특성을 가지며, 특정한 층위의 사람들에게 속하는 것이다 (Tzvetan Todorov, *On Human Diversity: Nationalism, Racism and Exoticism in French Thought*, Havard Univ. Press, 1993, p. 387 참조).

의자들은 공통의 문화에 대한 강한 신념을 의심 없이 받아들이고 있었기에 자신들의 논의에서 '공유된 언어'를 기초로 한 단일한 문화구조를 당연한 것으로 생각했다(263~264쪽 참조). 서구 사회에서 다문화주의에 대한 논의가 부재했던 이유는 다문화사회를 구성하는 민족적, 인종적인 소수자집단에 대한 진정한 관심이 없었기 때문이다.

이상의 논의에서 알 수 있듯이 자유주의에서 강조하고 있는 개인의 자유는 사회고유문화와 불가분의 관계가 있다. 이를 보다 분명하게 알기 위해서는 먼저 자유주의에서 주장하는 개인의 자유에 관해 일별해 볼 필요가 있다. 자유주의는 근본적으로 자유를 각 개인에게 속하는 것으로 간주한다. 이는 곧 자신의 삶을 이끌어가는 것에 있어서 개인에게 광범위한 선택의 자유를 보장하는 것으로 이해된다. 이에 따라 선택의 자유는 다음의 세 가지를 의미한다. 첫째, 좋은 삶에 대한 관점을 선택할 자유를 의미한다. 둘째, 그 선택을 재고할 수 있는 자유를 의미한다. 셋째, 더 좋은 삶의 계획을 실제로 채택할 수 있는 자유를 의미한다(165쪽 참조). 자유주의는 개인의 선택이 잘못된 소지가 있음에도 불구하고, 이에 대하여 타인이나 공적인 차원에서 간섭할 권한이 없다고 주장한다. 롤스에 따르면, 자유주의에서 각 개인은 자신들이 좋음에 대한 어떤 특정한 관점의 추구와 어떤 주어진 순간에 개인들이 추구하는 가치관의 종국적 목적에 얽매인 존재로 여기지 않기 때문이다.10) 이는 근대 이후로 바람직한 이상으로 추구해 온 자율적 인간에 부합하는 것으로서 개인이 스스로 좋은 삶, 자아실현을 영위할 수 있다는 주장이다. 자율적 인간상은 집단적 귀속성으로부터 개인의 자유를 옹호하는 근본 성향에 따라 개인을 권리의 최종 주체로서 설정한다.

그런데 개인이 좋은 삶, 자아실현을 자율적으로 영위하려면, 다음의 두 가지 조건이 충족되어야 한다. 첫째는 삶에 가치를 부여하는 것은 자신의 믿음에 따라 이루어질 수 있어야 한다. 이것은 선택의 자유를 의미한다. 둘째는 자신의 믿음에 대해서 자유롭게 의문을 제기할 수 있어야 한다. 이는 반성의 자유를 의미한다. 즉 자신이 선택한 것을 자유롭게 검토할 수 있어야 하며, 이에 따라 이를 검토할 수 있는 지적인 능력이 요구된다. 따라서 사회는 교육과 표현 및 결사의 자유를 인정해야만 한다 (167~168쪽 참조). 이러한 두 가지 전제가 성립하지 못한다면, 그것은 자유주의가 아니라 닫힌 체제이다. 그리고 자유주의는 단지 정치의 영역에만 적용되는 것이 아니라, 문화와 종교를 포괄한 삶의 전 영역에 적용되어야 한다.

---

10) John Rawls, "Kantian Constructivism in Moral Theory", *Journal of Philosophy*, 77(9), 1980, p. 544 참조.

이러한 원칙에 따라 킴리카는 이슬람국가에서 설정한 종교의 자유를 비판한다. 오스만제국에서는 다른 유일신 종교에 대하여 관용함으로써 자유롭게 예배하는 것을 허용했음에도 불구하고, 포교, 이단, 배교 행위는 금지하였다. 이는 자유의 두 번째 조건을 충족시키니 못하므로 진정한 의미에서 종교의 자유가 허용된 것이 아니다. 그런데 이러한 종교정책은 현재에도 여러 이슬람국가에서 시행하고 있다. 즉 그에 따르면, 일부 이슬람국가는 아직 종교의 자유가 확립되지 못했다(169쪽 참조).[11] 자유의 두 조건 중에서 때때로 간과되는 두 번째 조건은 자유주의 사회가 폐쇄적이지 않고 개방적인 사회가 될 수 있는 가능성을 만들어 준다.

다문화국가에서 자유주의와 다문화주의가 공존하려면 자유주의자들은 먼저 다양한 문화를 인정해야 한다. 즉 자유주의에서 주장하고 있는 개인의 자유가 존중되기 위해서는 고유한 문화에 대한 인정이 필연적으로 요청된다. 이는 사회고유문화는 한 개인에게 선택의 맥락을 제공하기 때문에 그들의 자유로운 행위와 직접적으로 연결되어 있다. 그리고 다양한 문화를 인정하는 것은

---

11) 이집트의 경우에는 헌법에서 양심의 자유를 허용하고 있으나, 동시에 헌법에서 종교의 배교를 인정하고 있지 않다. 이는 강압적인 개종을 불허하는 동시에 자발적인 개종도 불가능함을 의미한다. 따라서 이집트는 엄밀한 의미에서 종교적 자유가 보장된 국가가 아니다(169쪽 참조).

자유주의의 근본원칙을 더욱 확고히 하는 것이다. 그러나 이러한 주장에 대해, 많은 자유주의자들은 '비자유주의적인 문화를 고유 문화로서 인정할 수 있는가?'라는 의문을 제기한다.

그러나 다문화주의라고 해서 모든 문화의 다양성을 인정하자는 것은 아니다. 오직 자유주의 근본 원칙에 부합하는 다문화주의만 용인될 수 있다. 이를 킴리카는 '내부적 제재(internal restrictions)'와 '외부적 보호(external protections)'라는 원리로서 설명한다(312~313쪽 참조). 이러한 구분은 결국 관용의 문제와 연결되는데 그에 의하면, 오직 외부적 보호의 원리만이 자유주의 내에서 관용의 대상이 될 수 있다. 비자유적인 방식으로 사회고유문화를 유지하려는 내부적 제재는 자유주의의 원리에 부합할 수 없기 때문이다. 따라서 문화적 정체성 유지와 연관된 모든 요구가 받아들여질 수 있는 것은 아니다. 만일 어떤 공동체가 노예제를 통하여 스스로를 유지하고 있다면, 이는 내부적 제재로서 정당화될 수 없다. 즉 관용에 있어서도 특정한 보편주의적인 기준은 필요하며, 개인의 평등과 존엄을 존중하는 원칙만이 외부적 보호로서 정당화될 수 있다. 내부적 제재는 각 개인이 어떠한 삶을 살 것인지를 결정하는 데 있어서 합리적 선택의 가능성을 부정한다는 점에서 비자유주의적이다. 간단히 말하자면, "자유주의적 관점은 소수자집단 내의 자유(freedom within)와 함께, 소수자집단과 다수자집단

사이의 평등(equality between)을 요구한다. 그리고 이러한 원리는 자유주의의 기본 가치들과 모순되지 않을 뿐만 아니라, 나아가 이를 향상시킨다"(313쪽). 자유주의적인 관용의 특징은 개인이 자신의 현재 목적을 평가하고 잠재적으로 개정하는 데 있어서 자유로워야 한다는 자율성에 대한 신념이다.[12] 자유주의는 오랫동안 개인에게 초점이 맞추어져 있었기 때문에 공동체에 대한 논의는 상대적으로 빈곤했다. 킴리카는 비자유적인 방식으로 통치하는 소수민족이 자신들의 문화를 자유주의화하려는 노력을 내부적 개혁으로 간주하며, 이를 적극 지원해야 한다고 주장한다 (346쪽 참조). 즉 문화적 다원성의 설정에도 분명한 경계지점이 있으며,[13] 이는 "관용에 대한 관용인 동시에 불관용에 대한 불관용"[14]을 의미한다.

---

12) Susan Mendus, *Toleration and the Limits of Liberalism*, Humanities Press, 1989, p. 56 참조.

13) 마르코 마르티니엘로, 윤진 옮김, 『현대사회와 다문화주의』, 한울, 2002, 156쪽 참조.

14) 소병철, 「관용의 조건으로서의 인권적 정의: 자유주의적 다문화주의의 한 옹호론」, 『민주주의와 인권』 10(3), 전남대학교 5.18연구소, 2010, 148쪽.

4. 관용과 절차적 자유주의

1) 자유주의의 관용, 도덕적 상대주의

자유주의적 다문화주의에서 문화적 다양성의 인정은 개인의 권리와 직접적으로 연결된 사안이며, 이는 자유주의의 미덕인 관용과 연관된 문제라는 것은 분명하다. 따라서 자유주의 내에서 관용이 어떻게 이론적으로 확립되었는지에 대한 보충 논의가 필요하다. 이는 자유주의 내에서 관용에 대한 문제는 정체성의 혼란을 야기한다는 목소리가 커짐에 따라 일방적인 동화의 요구가 거세지고 있기 때문이다.

조너선 색스는 '관용(Tolerance)'과 '용인(Toleration)'을 구분하고 용인에서 출발한 자유주의의 원칙이 관용으로 전개되었고, 그 가운데 정치적 자유주의가 확립되었다고 주장한다.15) 그는 다문화사회 형태를 '시골별장', '호텔', 그리고 '고향'이라는 세 가지로 비유적으로 제시한다. 그가 제시하는 첫 번째 시골별장 모델은 거주할 곳을 찾는 외지인들이 좋은 시골별장에 방문했을 때, 별장 주인은 그들을 손님으로서 환대함에도 불구하고 그들은 그

---

15) 조너선 색스, 서대경 옮김, 『사회의 재창조』, 말글빛냄, 2009, 410~411쪽 참조.

사회의 일원이 되지 못하고 결국은 손님의 한계를 벗어나지 못한다. 그 별장은 그들의 것이 아니며, 종국적으로는 다른 의미영역이 되어 버린다. 두 번째 호텔 모델은 안락함과 자유로움을 의미한다. 외지인이든 누구든 상관없이 호텔비용을 지불하는 사람은 자신의 공간에서 절대적인 자유가 보장된다. 그러나 호텔 역시 결국 그들의 것이 되지 못한다. 그 호텔은 그들의 정체성을 형성하는 것과 관련이 없기 때문이다. 호텔에 거주하는 사람들은 호텔에 대하여 애착을 갖는 존재가 아니라, 각자의 공간에서 자유로운 이방인 내지는 기거하는 나그네일 뿐이다. 세 번째, 고향으로서의 사회는 이주민들을 받아들여서 그들이 스스로 거주지를 건설한다. 이주민들은 자신이 사회를 만들고 그 만들어진 사회의 일원이 되기에 사회와 분리되지 않는다. 이러한 사회는 단순한 계약을 넘어선 애착과 결속으로 이루어진 사회이다.[16] 결국 그가 강조하는 다문화사회는 단지 안락함만을 추구하는 것이 아니라, 서로 간의 노력을 통하여 함께 사회를 만들어 가야 함을 주장하고 있다. 호텔사회의 구성원들은 각자 자유로운 존재이며, 도덕적으로도 인품을 갖춘 사람일 수 있으나, 그것은 어디까지나 공적 영역에만 제한된다. 호텔사회에서 개인적

---

16) 색스, 앞의 책, 33~50쪽 참조.

차이는 단지 자신의 공간을 벗어나지 못한다.

호텔 모델은 공적인 영역과 사적인 영역을 분명하게 구분하려는 태도로서 타자에 대한 수동적 용인의 형태를 벗어나기 어렵다. 그러나 사적인 영역에서 개인들 간에 가치와 문화 충돌의 문제가 발생했을 때, 그 문제는 단지 사적인 것으로 그치지 않고 공적으로도 확대된다. 따라서 사회에서 발생하는 구성원 상호간의 차이는 단지 용인되는 방식으로만 다루어질 수 없고 상호인정의 공적인 문제로 바라보아야 한다. 이는 사회규범의 성립과 정당화는 관용으로 성립하는 것이 아니라, 인정투쟁의 방식으로 성립하기 때문이다.[17]

색스는 17세기 용인의 문제를 처음 제기한 로크로부터 현재의 다문화사회로의 진행과정이 고향의 사회를 건설하는 것이 아니라, 시골별장 내지는 호텔식 사회를 지향해 왔다고 비판한다. 그에 따르면 용인과 관용은 커다란 차이를 갖고 있는 개념이다. 용인은 "중요한 사안에 대해서 상대방의 행위나 견해가 자신의 입장에서 벗어나거나 도덕적으로 인정될 수 없는 것으로 여겨질지라도 그것을 변화시키기 위해 권력을 행사하려 들지 않는 미덕"[18]이다. 따라서 애초에 내게 권력이 없다면 용인의 문제는

---

17) 이상형, 앞의 글, 92쪽 참조.
18) 색스, 앞의 책, 398쪽.

생겨나지 않는다. 또한 애초부터 나의 힘이 미칠 수 없는 곳에서 발생하는 일에 대해서도 그것에 대해서 용인했다는 말은 성립할 수 없다. 예를 들어 지나가는 자동차에서 나오는 시끄러운 음악이 이에 해당한다. 이 경우는 관용이 아니라 무력함이다. 이와 비슷한 또 다른 방식은 내게는 힘이 있지만 그 일을 중요하게 여기지 않아서 그냥 모른 채 할 수도 있다. 그리고 도덕이 아닌 취향의 문제에서도 용인은 발생한다. 그러나 근본적으로 용인의 기원은 종교와 정치의 연관성에서 발생하였다. 17세기 로크로부터 유래하는 용인은 타인의 종교를 강압적으로 바꾸는 것이 논리적 모순이기 때문에 제기되었다. 즉 강압적인 개종은 기만에 불과하다고 로크는 생각하였다. 이는 종교로부터 야기된 문제가 서로 간의 생존에 해가 되기 때문에 조화로운 공존을 위해 제기된 것이다. 즉 용인은 종교적 차이에서 발생하는 문제를 정치적으로 해결하고자 나온 미덕이다. "용인은 진리에 의존하는 개념이 아니라 평화에 의존하는 개념이며, 종교적 당위가 아닌 정치적 필요조건으로서 만인을 향한 만인의 투쟁을 겪던 시대에 생겨난 사상이다."[19) 결국 용인은 종교와 정치가 분리되면서 사회에서 발생하는 종교적 문제를 정치적으로 해결하려던 노력의

---

19) 색스, 위의 책, 409쪽.

결과이다.

그러나 관용의 경우는 "어떤 중요한 문제와 관련하여 내가 당신의 행동은 도덕적으로 틀렸다고 생각할 때 제기된다".[20] 1960년대에 자유주의 혁명은 도덕과 법의 분리를 주장하였는데, 여기서 관용의 문제가 제기되었다. 이는 종교적인 차원에만 국한된 좁은 개념인 용인이 일반적인 삶의 양식을 다루는 관용으로 확대된 것이다. 이에 대한 대표적인 사례는 동성애와 낙태의 허용이었다. 그러나 도덕적 허용으로서 관용은 많은 경우에 도덕적 상대주의로 오해되었다. 더군다나 이러한 도덕적 상대주의는 정치적 자유주의와 결합함으로써 사회의 혼란을 야기했다. 색스에 따르면, 관용과 도덕적 상대주의는 다른 주장이다. 상대주의는 관용적이지 않고 탈관용적이다. 왜냐하면, 상대주의는 "당신이 옳다고 여기는 행동을 내가 잘못된 것이라 여기지도 않으며, 따라서 그것에 대해 내가 당신에게 관용을 베푼 것이라고 말할 수는 없기"[21] 때문이다.

도덕적 상대주의는 도덕을 개인화함으로써 결국에는 도덕적 회의주의를 주장한다. "X라는 행위는 내가 생각하기에 옳지 않지만 그럼에도 불구하고 이를 법으로 금해서는 안 된다"는 믿음

---

20) 색스, 위의 책, 399쪽.
21) 색스, 위의 책, 400쪽.

은 관용이지만, "내가 어떤 행위를 하는 것이 도덕적으로 옳다면 나는 그 행위를 할 수 있는 권리는 갖는다"는 식의 믿음은 관용이 아니라 도덕적 상대주의이다.[22] '금지해서는 안 된다'는 것은 자신이 생각이 틀릴 수 있다는 '오류 가능성'을 열어놓는 주장이지만, '권리를 갖고 있다'는 것은 자신의 '신념이 틀리지 않는다' 라는 확신에서 나오는 주장이다. 이러한 생각을 일반적으로는 '도덕적 상대주의'라고 말할 수 있지만, 엄밀한 의미에서 이러한 주장은 상대주의의 주장이 아니다. 이러한 주장은 자신의 신념 만은 틀리지 않고 항상 옳다는 맹신에 근거한 주장이다. 즉 이러 한 주장은 상대방에 대한 아무런 존중도 표현하고 있지 못하며, 겉으로는 상대주의인 척하지만, 실제로는 자기중심적 절대주의 이며 관용과는 상관이 없다. 이상과 같은 논의 속에서 우리는 관용의 문제가 정체성의 혼란을 야기할 수도 있다는 자유주의자 들의 비판이, 결국에는 관용과 상대주의를 혼동하였기에 발생한 주장임을 알 수 있다.

---

22) 색스, 위의 책, 413쪽 참조.

2) 절차적 자유주의와 문화, 관용

자유주의는 공적 영역의 정당성을 확보함에 있어서 형식적 절차를 강조한다. 자유주의의 기본 입장은 일원론적 사고를 거부하기 때문에 반완전주의 또는 반본질주의적이다. 롤스에 의하면, 완전주의 내지는 본질주의적 입장은 모두 실체적인 '좋음'의 개념에 의존하고 있는데, 다원화된 사회에서 실체적인 좋음에 대한 개념은 각자에게 나름대로 합당(reasonable)하기 때문에 경험적인 영역에서 합리적(rational) 합의에 도달하지 못한다. 이에 따라 좋은 삶, 바람직한 삶에 대한 규정은 사적인 영역으로 환원한다. 그리고 사적인 영역에서 발생하는 문제를 해결하고 구성원들을 위한 공동선을 추구함에 있어서 공적인 중립성을 확보하기 위하여 자유주의는 순수 절차적인 방식에 주목한다. 그 결과 정의감은 실질적 내용을 갖는 것이 아니라, 제도의 측면에로 제한된다. 그리고 제도의 정당성은 사적인 영역에서 구성원들 간에 차이를 아우를 수 있는 공적 정의감을 통하여 보증된다. 롤스가 말한 '좋음에 대한 옳음'의 우선성은 이를 잘 표현하고 있다. 또한 이런 방식 속에서 그는 "좋음에 대한 비결정성으로부터 옳음을 독립"[23]시킴으로써 다원화된 사회에서 문제의 소지가 될 수 있는 형이상학적인 요소들[24]을 제거하고 보편적 윤리의 기초를 확립하였다. 달리 말하면, 롤스의 정의론은 각자가 갖고 있는 좋은 삶에 대한 다양한 이미지들이 공동생활 속에서 조화가 되도록 토대적인 정의감에 의존하는 것이며, 이는 절차적인 방식을 통하여 보장하려는 것이다. 결국 그의 정의론은 다원성을 보장하면서도 동시에 보편성을 확립하려는 시도이다. 이는 사회적인 미덕은 법제화될 수 없다는 신념에 기초하여 도덕을 정치, 법률로부터 분리한다.

그러나 이러한 분리 이후에 사회 구성원간의 통일적인 연대감과 공동체 의식은 형성되기 어려워지거나 기껏해야 자신들과 동일한 생각을 갖는 사람들 사이의 정치적 결속만을 추구하게 될 수도 있다. 결국 공동체 구성원들은 서로 간섭하지 않은 채, 분리된 자신의 호텔방에서 생활하는 것과 다를 것이 없게 됨으로써 타자의 다름은 지양되지 않은 채 그대로 남게 된다. 자신과 의견이 다른 사람들을 배제하고 동질적인 사람들 간의 결속을 강화함으로써 차이를 최소화해야 할 정치가 오히려 차이를 더욱 부각하는 결과를 낳는다. 샹탈 무페는 "자유로운 토론의 기초

---

23) 김성우, 「롤즈의 절차주의적 자유주의의 윤리적 기초에 대한 비판」, 『롤스의 정의론과 그 이후』, 철학과현실사, 2009, 126쪽.
24) 여기서 형이상학적이라는 것은 롤스가 정의하는 방식에 따른 것이다. 형이상학적인 것은 각자의 세계관에 근거한 다양한 윤리적 입장들로서, 세계관, 인간관, 사회관, 종교관 등의 포괄적인 교리(Comprehensive doctrine) 전체를 의미한다.

위에서 하나의 합리적이고 보편적인 합의에 도달할 수 있다는 자유주의의 믿음은 역으로 정치에 관한 무지를 야기한다"[25]고 비판한다. 자유로운 토론을 보장하고 절차적인 합리성을 통하여 사회의 갈등과 문제를 해결하려는 방식은 실효성이 미약하다. 왜냐하면, 이러한 과정에서 합의가 가능한 것은 단지 형식적 절차일 뿐, 구체적인 내용에까지 미치지 못하기 때문이다. 결국 이 경우 특정한 방식으로 정향된 보편주의의 원칙이 도출될 수는 있으나, 갈등해결을 위한 합의점은 추상적으로밖에 드러날 수 없다. 절차적 합리성이 실제로 적용되는 방식은 또 다른 배제의 문제를 불러올 수밖에 없다. 현재 다문화사회의 갈등이 민주주의라는 이름하의 절차적인 방식의 배제로부터 야기되고 있다는 것을 생각해 본다면, 절차적 합리성은 현실적 문제 해결의 열쇠가 될 수 없다. 이런 맥락에서 찰스 테일러는 현재 다문화사회에서의 문제는 '인정에 대한 요구'가 아니라, 이런 '요구 자체가 실패할 수 있다'는 것에서부터 발생한다고 주장한다.[26] 따라서 절차적 합리성만으로는 다원화된 사회의 문제는 해결될 수 없다. 오히려 많은 경우에 절차는 다수가 소수에게 가하는 부당함의 근거로 활용될 수도 있으며, 심각한 부정의를 야기하기도

---

25) 샹탈 무페, 이보경 옮김, 『정치적인 것의 귀환』, 후마니타스, 2007, 195쪽.
26) 찰스 테일러, 송영배 옮김, 『불안한 현대 사회』, 이학사, 2001, 67쪽.

한다.

또한 문화적인 관점에서 바라보았을 때, 형이상학적인 요소를 배제하려는 롤스의 시도는 현실적 인간의 정체성의 형성에도 커다란 문제를 야기할 수 있다.[27] 형이상학적인 것은 원초적 입장에서는 배제될 수 있으나, 현실적 인간에게는 불가능한 설정이다. 따라서 형이상학적인 영역을 순전히 사적인 영역으로 환원하고 그 효력을 괄호치는 것만으로 다원성으로부터 발생하는 문제는 사라지지 않는다. 유보하는 것은 단지 표면상 드러나지 않게 하는 것이지, 실제적인 문제 해결방식이 아니기 때문이다. 이러한 유보적인 전략은 진정한 의미의 관용이 아니다. 왜냐하면 이런 무관심적 관용은 근본적으로 평등에 대한 표현이 아니라 특정한 가치관의 우위를 담고 있는 표현이기 때문이다. 웬디 브라운은 이러한 관용의 한계를 다음과 같이 묘사하고 있다.

---

27) 이와 관련하여 정원규는 롤스가 설정한 인간관이 현실적이지 못하고 지나치게 빈약한 이론(thin theory)이라고 평가한다. 특히 그는 롤스가 설정한 탈형이상학적 정의론이 너무나 얇은 인간관에 기대고 있기 때문에 그의 전체적인 이론체계와 정합적이지 않다고 주장한다. 그에 따르면, 롤스가 말하는 합당한 인간들이 이상적인 인간을 의미하는지, 현실적인 시민을 의미하는지 분명하지 않다. 만일 전자라면 이는 그가 거부하는 특정한 형이상학적인 개념에 근거하는 가설인 것이고, 후자라면 다원주의적 현실 속에서 실천적으로 합의 가능한 객관성의 문제가 항상 제기될 수밖에 없다(정원규, 「롤스 정의론의 형이상학적 문제들」, 『롤스의 정의론과 이 이후』, 철학과현실사, 2009, 197쪽 참조).

"관용은 사회적, 정치적, 종교적, 문화적 규범들을 부과하는 행위이며, 관용의 대상이 되는 이들을 관용을 베푸는 이들에 비해 열등하고 주변적이며 비정상적인 이들로 표지하는 일인 동시에, 상대가 관용의 한계를 넘어섰다고 판단될 경우 부과할 수 있는 폭력 행위를 사전에 정당화하는 기제이다. (······) 무언가를 관용한다는 것은 필연적으로 관용받는 상대방보다 우월한 위치를—현실적으로는 그것의 위치를 명확하게 하거나 식별하는 것이 어려움에도 불구하고—차지하게 된다는 것을 의미하기 때문이다."[28]

즉 이러한 방식의 관용은 정체성의 차이로부터 발생하는 갈등들을 해소하는 것이 아니라, 오히려 더욱 강화하여 서로에 대하여 적대행위와 혐오감을 불러일으키는 원인이 된다. 게다가 자유주의 사회에서 "관용은 법적 강제로 규정되는 것이 아니라, 개인들이 자발적으로 실천하는 덕으로 인식되며, 정치적, 사회적 의미로 이해되기보다는 개인적 차원에서 실천하는 덕으로 간주되기"[29] 때문에 결국에는 유동적이고, 모호하며, 그만큼 비규범적이게 된다. 이러한 주장에 따르면, "관용은 불평등, 배제, 갈등을 탈정치화(私有化)"[30]하고 있으며, 공론화 자체를 거부한

---

28) 웬디 브라운, 이승철 옮김, 『관용』, 갈무리, 2010, 38~39쪽.
29) 이상형, 앞의 글, 103쪽.

다. 최근 서구에서 다문화주의의 실패를 선포하고 사회통합을 주장하는 것은 그들의 관용이 소극적 방식으로 치우친 결과이다. 이런 방식의 관용은 진정한 공존을 위한 다양성의 인정이 아니라, 부정적 차이에로 이끄는 정체성만을 강화한다.

따라서 인간의 삶에서 근원적인 형이상학적 영역에 대한 논의는 단지 덮어 두는 방식으로는 해소되지 않는다. 이러한 방식으로 다루는 것은 결국 차이에 의한 근본적 불안을 그대로 남겨둘 뿐만 아니라, 동화가 되지 않을 때는 종국에는 배제의 원리를 적용면서도 이를 단순히 사적인 것으로 치부하거나 심지어 정당화하곤 한다. "차이성(difference)이라는 개념은 근본적으로 정체성(Identity)을 전제하는 것이기 때문에 정체성을 완전히 부정하면서 차이성을 강조할 수는 없다."[31] 그러나 인간의 삶에서 형이상학적인 근원적 영역에서의 차이는 단지 사적인 개념의 차이로만 그치는 것이 아니라, 실제적인 세계관과 세계이해에까지 영향을 미치는 정체성의 차이로 귀결될 수밖에 없다. 따라서 자유주의자 킴리카와 몇몇 공동체주의자들은 근원적 영역에 대한 논의는 필연적으로 요청된다고 주장한다.[32] 이들에 따르면, 그러한 다

---

30) 브라운, 앞의 책, 9쪽.
31) 김남준, 「다문화시대의 도덕 원리 논쟁: 관용과 인정」, 『철학논총』 54, 새한철학회, 2008, 155쪽.

원성의 근원으로서 차이를 만들어 내는 것은 문화적 차이로부터 기인한 것들이다. 따라서 문제의 근원으로서 문화적 차이에 대한 논의를 순수 절차적인 방식으로 해결하려는 시도는 오히려 문제의 근원마저도 괄호를 치는 방식이고, 문화적 차이에 대한 논의는 그 속에 존재할 수 없다.

5. 나오는 말

현재 전 세계 200여 국가들은 대부분 자유주의를 표방하고 있다. 그리고 이 가운데 인종문화적으로 동질적인 민족집단으로 구성된 국가는 아주 예외적33)이라는 일반적인 사실을 고려해

---

32) 킴리카에 따르면, 롤스를 비롯한 미국의 자유주의자들이 절차적이고 형식적인 측면에 치중하는 것은 그들이 미국 사회를 공통된 문화에 기초한 국가로 이해하고 있기 때문이다. 즉 미국에는 실제로 다양한 문화적 차이가 존재함에도 불구하고 그 모두를 통합할 수 있는 광대한 다수가 동일한 사회고유 문화를 형성하고 있다고 그들은 암묵적으로 가정하고 있다는 것이다. 이들은 다양한 문화가 존재한다는 것을 부정하는 것이 아니라, 절대적 다수에 의해 형성된 공통적 문화의 크기가 충분히 넉넉하기에 다양한 차이를 아우를 수 있다고 생각하는 것이다(159쪽, 263~264쪽 참조). 그러나 이러한 자유주의자들의 이러한 사고는 소수자에 대한 차이의 인정으로서 배려가 아니라 사실상 배제의 원칙을 적용하고 있는 것이다.

33) 1990년대 초반의 연구결과에 의하면, 전 세계에서 동질적인 민족집단으로 구성된 국가는 아이슬란드와 한국밖에 없다(1쪽). 그러나 1990년대 후반 이후 한국이 급격한 다문화사회로 진입하였다는 것을 생각해 본다면, 현재 다문화사회의 문제에서 벗어나 있는 국가는 거의 없다고 보는 것이 더 정확할 것이다.

본다면, 자유주의와 다문화주의의 조화의 필요성은 전 지구적인 과제이다. 그런데도 아직까지 다문화주의를 실제로 성공적으로 정착시킨 국가는 거의 없다. 자유주의와 다문화주의의 통합 및 공존의 어려움은 무엇보다도 이와 관련된 역사적 경험이 아직 존재하지 않기 때문이다. 서구의 자유주의의 역사가 그리 긴 연원을 갖고 있지 못하기 때문에 엄밀하게 말해서 서구에서는 이와 관련된 역사적 경험이 존재한다고 할 수 없다. 이는 아직도 자유주의가 다문화주의를 포용할 수 있을 정도로 성숙하지 못했기 때문일 수도 있고, 자유주의의 내적 모순 때문일 수도 있다. 최근의 독일, 프랑스, 영국 정상들의 잇단 다문화주의 실패 선언은 우리에게 시사하는 바가 적지 않지만, 동시에 전 세계가 받아들여야 할 다문화주의의 포기요청은 아니다. 주지하다시피 이들의 다문화주의의 원칙은 선의적 무관심이라는 소극적 관용의 원칙이었다. 그 결과 미래 사회를 위한 적극적인 전망을 제시할 수 없었다. 방관적인 자유는 정체성의 문제를 피할 수 없기에 이런 방식만으로 자유주의는 결코 유지될 수 없다. 게다가 다문화주의에 대한 성급한 보편화는 다문화주의를 이해하고 미래적인 비전을 제시하는 데 있어서 위험한 방식이다.

한국사회를 위한 다문화주의에 대한 논의는 이제 시작일 뿐이라는 점을 고려한다면, 서구의 실패를 곧장 '우리화'할 필요는 없다. 따라서 서구의 다문화주의의 실패 선언이 곧바로 우리의 실패를 의미하지는 않는다. 이는 현재 우리 사회에서 점차 증대되고 있는 반다문화 담론에 대해 냉철한 성찰이 필요로 한다는 것을 뜻한다. 킴리카가 지적하듯이 "이론화에는 까다로운 사례들과 회색지대가 존재할 수밖에 없다"(206쪽). 이 말은 다문화주의를 일률적으로 다루는 것이 아니라, 역사적 경험과 정치적이고 사회적인 조건에 따라서 유동적으로 대처해야 함을 뜻한다. 무엇보다도 모든 다문화사회를 포섭할 수 있는 마술같은 공식은 존재하지 않는다. 엄밀하게 말해서 '보편적 다문화주의'라는 것은 존재하지 않기 때문이다. '보편적'과 '다문화주의'라는 개념 자체가 논리적으로 모순적인 개념이다. 결국 우리에게 필요한 것은 '우리의' 다문화주의를 위한 실천적 지침을 찾는 것이다. 이론적 논의가 가진 추상화의 한계를 고려해 본다면, 다문화주의의 실천에서 가장 중요한 것은 구체적인 상황과 연결된 실천의 지침이 중요하다. 이는 다문화주의와 연관된 다른 국가의 사례가 단지 참고 사례일 뿐 우리의 다문화주의를 위한 이상적 지침이 아님을 알려준다.

　다문화주의는 자칫 자유주의가 빠지기 쉬운 문화적 폐쇄성을 극복하는데 오히려 도움을 줄 수 있다. 자유주의는 사상의 유연함을 통하여 발전할 수 있다는 점을 고려한다면, 다문화주의는 단지 경제적 이익만이 아니라 우리의 문화정체성의 확대에도 도움이 된다. 우리들은 대체로 자신의 정체성을 인식하지 못하고 산다. 왜냐하면 우리 정체성의 뿌리인 우리의 문화는 이미 우리에게 너무나도 익숙해져 있어서 그것의 존재 여부조차 잘 인지하지 못하기 때문이다. 우리들은 다른 문화를 접함으로써 단지 다른 문화만을 아는 것이 아니라, 오히려 자신의 문화에 대해 더욱 잘 이해할 수 있다. 특히 단일민족이라는 신화에 더욱 매여 있는 우리에게 다문화주의는 자유주의를 위한 좋은 자양분이다.

개인을 강조하는 자유주의의 근본 원리에 비추어 보았을 때, 결국 자유주의는 사회의 구성원들에 의해 내면화되었을 때 진정으로 작동할 수 있다. 또한, 자유가 근본적으로는 문화와 연관되어 있다는 것을 생각한다면, 문화에 대한 관점도 마찬가지로 고민해야 한다. 개인의 자유를 완전하게 억압하는 문화가 거의 없지만 동시에 모든 문화는 개인에게 선택지를 제한한다는 의미에서 일종의 비자유주의적 성향을 갖고 있다. 이는 특정한 문화가 절대적으로 선으로 인정되고 다른 쪽은 완전히 선과는 상관없는 식으로 이해하는 것은 곤란하다는 것을 뜻한다. 이런 식의 이해는 문화에 대한 소박한 실재론에 입각한 태도로서 일종의 비역사적 관점에 불과하다. 결국 우리에게 필요한 것은 다문화주의를 단지 사회진단을 위한 이론이 아니라, 과제이며, 목표라는 것을 정확하게 인식하는 것이다.

참　고　문　헌

김남준, 「다문화시대의 도덕 원리 논쟁: 관용과 인정」, 『철학논총』 54(4), 새한철학회, 2008, 147~166쪽.

김성우, 「롤즈의 절차주의적 자유주의의 윤리적 기초에 대한 비판」, 『롤스의 정의론과 그 이후』, 철학과현실사, 2009.

마르코 마르티니엘로, 윤진 옮김, 『현대사회와 다문화주의』, 한울, 2002.

샹탈 무페, 이보경 옮김, 『정치적인 것의 귀환』, 후마니타스, 2007.

소병철, 「관용의 조건으로서의 인권적 정의: 자유주의적 다문화주의의 한 옹호론」, 『민주주의와 인권』 10(3), 전남대학교 5.18연구소, 2010, 137~161쪽.

웬디 브라운, 이승철 옮김, 『관용』, 갈무리, 2010

윌 킴리카, 장동진 외 3인 옮김, 『다문화주의 시민권』, 동명사, 2010.

이상형, 「다원주의의 성공과 실패: 자유주의적 공동체」, 『사회와 철학』 26, 사회와철학연구회, 2013, 89~120쪽.

정원규, 「롤스 정의론의 형이상학적 문제들」, 『롤스의 정의론과 그 이후』, 철학과현실사, 2009.

조너선 색스, 서대경 옮김, 『사회의 재창조』, 말글빛냄, 2009.

존 그레이, 김영진 옮김, 『전지국적 자본주의의 환상』, 창, 1999.

존 스튜어트 밀, 김형철 옮김, 『자유론』, 서광사, 1992.

찰스 테일러, 송영배 옮김, 『불안한 현대 사회』, 이학사, 2001.

John Gray, *Liberalism*, Stoney Straftford, Open Univ. Press, 1986.

John Rawls, "Kantian Constructivism in Moral Theory", *Journal of Philosophy*,
77(9), 1980.

John Rawls, *A Theory of Justice*, Oxford Univ. Press, 1971.

Susan Mendus, *Toleration and the Limits of Liberalism*, Humanities Press,
1989.

Tzvetan Todorov, *On Human Diversity: Nationalism, Racism and
Exoticism in French Thought*, Havard Univ. Press, 1993.

관용을 정당화하는 근거의 자격조건에 대한 분석적 탐색※

박 준 웅

1. 들어가는 말

2021년 8월, 카불을 함락한 탈레반은 자신들에 대한 전 세계의 우려를 의식한 듯, 아프가니스탄 여성들의 교육받을 권리와 정치 참여의 권리 등에 대해 관용적인 태도를 보이겠다고 공언했다.[1] 그들이 내세운 관용의 공언은 다음과 같은 구조를 가진다. 첫째, 탈레반은 여성의 교육받을 권리와 정치 참여의 권리 등을

※ 이 글은 2021년 10월, 『사회와 철학』 42집에 실린 「관용을 정당화하는 근거의 자격조건에 대한 분석적 탐색」을 출판물의 성격에 부합하게 일부 수정한 글이다.

1) Sammy Westfall & Claire Parker, "Taliban says it will be more tolerant toward women. Some fear otherwise", The Washigton Post, 2021.08.17.

자신들의 율법 해석에 기반해 반대한다. 둘째, 그들은 이러한 반대에도 불구하고 여성이 교육과 정치 참여 등의 권리를 행사하는 것을 처벌하거나 금지하지 않을 것이다. 하지만, 그들의 공언을 믿는 이는 많지 않다. 그리고 이러한 의심은 현실로 드러나고 있다. 여성들의 교육받을 권리는 침해받고 있으며, 여성들의 정치 참여의 기회는 찾아볼 수 없다. 탈레반이 자국의 여성들에게 보이는 태도는 관용의 일반적인 구조를 전혀 따르고 있지 않다. 무엇인가를 관용하는 것은 관용의 대상에 대한 명백한 반대를 실천하지 않는 것을 뜻한다. 예를 들어, A가 특정한 종교적 신념 B를 관용한다는 것은 B에 대한 A의 명백한 반대의 입장을 박해, 탄압, 추방, 살해 등의 형태로 실천하지 않겠다고 결정한 것을 뜻한다. 같은 맥락으로, C가 특정한 성적 지향 D에 대해 관용적인 태도를 보인다는 것의 의미는 D라는 특정한 성적 지향을 C가 받아들일 수 없음에도 불구하고 C는 D라는 성적 지향을 가진 이들이 감금, 추방, 직업선택 자유의 제한, 공적 토론의 반대 등의 불이익을 받는 것을 반대한다는 것을 뜻한다. 탈레반은 여성의 권리 추구에 대한 샤리아법에 근거한 반대를 유지하면서, 이러한 반대가 폭력과 탄압의 형태로 실현되는 것을 막지 않는다. 그들의 관용의 공언은 공적인 선포가 아닌, 실행이 따라오지 않는 말 그대로의 빈말일 뿐이다.

관용에 관한 연구는 이러한 관용의 형식적 구조를 드러내는 것만으로는 충분치 않다. 탈레반이 여성의 권리에 대해 관용적일 수 있는지를 검토하기 위해서는 단순히 그들의 행동의 형식적 구조를 분석하는 것만으로는 충분치 않다는 것이다. 왜냐하면, 관용의 실천을 가능케 만드는 요소는 이러한 형식적 구조뿐 아니라 관용을 가능케 하는 특정한 근거도 포함하기 때문이다. A가 특정한 종교적 신념 B를 관용한다고 할 때, 관용의 형식적 구조뿐만 아니라 그 구조 안에서 작동하는 관용의 근거 또한 면밀히 검토되어야 한다. 특정한 성적 지향 D에 대한 C의 관용에서 중요한 것은 C가 D를 반대함에도 불구하고 D에 대한 탄압과 박해를 반대한다는 형식적 구조뿐만 아니라, 이러한 두 반대를 가능케 하는 근거 또한 중요한 것이다. 탈레반이 여성에 대한 권리를 관용하겠다면, 이는 단지 비어 있는 대외적 선전 문구를 통해 실천될 수 있는 것이 아니다. 자신이 관용적임을 스스로 증명하기 위해선 그들이 금과옥조로 삼는 이슬람 율법이 여성에 대한 관용의 근거를 충분히 가지고 있으며, 그 근거가 관용의 형식적 구조를 실현할 수 있는 능력이 있음을 스스로 이해하고 드러내 보일 수 있어야 한다. 그래야만 그들은 자신을 스스로 관용적이라 뽐낼 수 있을 것이다.

그렇다면 관용의 근거는 무엇인가? 직관적으로, 모든 관용의 실천을 가능케 하는 보편적인 근거를 상상하는 것은 매우 어려운 일이다.[2] 이와 달리, 관용의 근거를 제공해주는 다양한 신념 및 이론체계가 존재한다고 상정하는 것은 훨씬 상식적이다. 탈레반이 여성의 권리를 관용하겠다면, 그 근거는 그들의 이슬람 교리 해석[3]에 기반한 것이고, 어거스틴이 제시한 기독교 교회의 원수들에 대한 관용의 근거는 그들의 교리[4]에 기반한 것이다. 특정한 성적 지향에 대해 관용하기로 결심한 사람들의 동기 또한 동일하지 않다. 어떤 이는 정치적인 올바름의 관점에 이를 관용하며, 어떤 이는 윤리적 관점에서 이를 관용할 수 있다. 모든 관용의 실천을 포섭할 수 있는 보편적으로 타당한 근거를 상상하기란 어렵다는 것이다.

그렇다면, 각기 다른 종교관, 도덕관, 정치관에 기반한 근거들로부터 실천된 관용을 모두 관용이라 부를 수 있는 근거란 존재

---

2) 카플란은 단 하나의 보편적 관용의 정의에 대한 믿음을 신화(myth)라 부른다. 이러한 신화를 믿는 것은 다양한 종류의 관용 간의 차이를 인식하는 데 실패하게 만들며, 결과적으로 과거를 오독하고 현재의 다양한 갈등에 대한 우리의 시각을 좁힌다고 지적한다. Kaplan, J, Benhamin, *Divided by Faith: Religious Conflict and the Practice of Toleration in Early Modern Europe*, Cambridge: Harvard Univ. Press, 2007, pp. 7~8.

3) 탈레반은 자신들이 가지고 있는 틀(framework) 안에서의 관용을 말하고 있다. Sammy Westfall & Claire Parker, 같은 기사. 또한 유튜브에 공개된 언론브리핑에서는 이 틀을 샤리아(이슬람 율법에 기반한 법)에 기반한 틀이라고 천명한다. https://www.youtube.com/watch?v=Yc_Rre_lPto 참고.

4) 어거스틴이 제시한 교회의 원수들에 대한 관용의 근거는 다음에서 발견할 수 있다. 아우구스티누스, 추인애 옮김, 『신국론』, 동서문화사, 2014, 1093쪽.

하는가? 다시 말해, 보편적으로 타당한 관용의 근거가 존재하지 않는다는 것을 받아들인다면, 진정한 관용의 실천이라고 부를 만한 다양한 관용적 행위들을 가능케 하는 신념 및 이론체계들이 성공적으로 관용을 도출해낼 수 있게끔 하는 특정한 자격조건이 존재하는가? 존재한다면 그것은 무엇인가?

이 글을 통해 필자는 관용이 실천되는 과정에 대한 분석이 제기된 물음에 대한 적절한 답을 제공해준다고 주장한다. 결과적으로 필자는 다음과 같은 점을 주장할 것이다. 관용은 두 가지 종류의 반대를 통해 실천되며, 각각의 반대는 특정한 기제 안에서 서로 영향을 미친다. 그리고 이 특정한 기제의 근거를 성공적으로 제공할 수 있는 종교관, 도덕관, 정치관과 같은 신념 및 이론체계 만이 관용적이라 불릴 수 있다. 이해를 돕기 위해 무리하여 예를 든다면, 관용의 실천을 자동차에 비유할 수 있을 것이다. 이 자동차는 두 개의 핵심적인 기계장치의 상호작용으로 인해 작동한다. 그리고 이 두 핵심적인 기계장치를 적절하게 움직이게 만들 수 있는 특정한 연료들이 존재한다. 이와 달리, 어떤 연료들은 자동차에 적합하지 않아 이 두 핵심적인 기계장치를 움직이지 못한다. 결론적으로, 특정한 연료가 자동차의 운행에 적합한지는 이 두 기계장치가 그 연료로 인해 적절하게 기능할 수 있는가에 달려 있다. 자동차는 관용의 실천과 같고, 두 기계장치는 관용의 실천에서 작동하는 두 가지 종류의 반대이다. 연료는 관용의 동기를 제공하는 관점들이다.

많은 관용에 관한 연구가 특정한 종교 혹은 이론체계가 왜 관용적인지에 주목했다면, 필자는 이 글에서 모든 관용이 공유하는 관용 안의 두 가지 부정적 태도의 기제가 거꾸로 특정한 이론체계가 관용적일 수 있는지를 판명한다고 주장한다. 이는 전통적인 관용의 연구가 선택하지 않은 방식임과 동시에 이 글이 제시하는 관용 연구의 독창적 방법론이라고 할 것이다.

필자는 다음과 같은 순서로 관용에 대한 분석을 시도하고자 한다. 2장에서 필자는 관용이 실천되는 과정에서 발견되는 두 가지 종류의 반대를 소개하고자 한다. 그중 하나는 관용의 대상에 대한 반대이고, 나머지는 관용의 대상에 대한 반대를 폭력적인 방법으로 실현하는 것에 대한 반대이다. 3장에서는 두 가지 반대 중, 관용의 대상에 대해 관용의 주체가 가지는 반대가 숙고된 판단의 결과인 동시에 주체의 자율적인 판단임을 규정할 것이다. 4장에서는 관용의 대상에 대한 반대를 폭력적인 방법으로 실현하는 것에 대한 반대 또한 행위 주체의 숙고되었으며 자율적으로 실천된 반대와 동일한 조건을 충족한다는 점과 이러한 반대가 숙고되었으며 자율적으로 실천된 반대를 대상으로 한다는 점에서 의존적이라는 점을 지적할 것이다. 이어서 5장에서는 두 반대

가 상호작용하는 기제인 우선성과 정합성을 차례로 소개할 것이
다. 우선성을 설명하는 과정에서 필자는 기독교적 관용과 불관용
의 예시를 활용할 것이다. 이어, 유사-관용(pseudo-toleration)의
예를 통해 이 두 반대가 정합성을 유지해야 한다는 점을 주장할
것이다. 결론적으로, 필자는 두 반대의 근거를 동시에 제공해줄
수 있는 이론체계만이 관용이 실천되게끔 하는 조건, 즉 적절한
연료라는 것을 주장할 것이다.

2. 관용의 행위 안의 두 가지 형태의 반대

관용은 두 가지 종류의 반대를 포함하고 있는 행위이다. 우선
이를 관용에 대한 몇 가지 정의를 통해 살펴보자. 니콜슨과 홀튼
은 관용을 "승인받지 못한 것에 대한 간섭의 행위를 하지 않기로
숙고된 판단을 하는 것"[5]라고 정의한다. 킹은 관용이란 "관용의
행위자가 진정으로 동의하지 않는 사람, 행동, 사상 혹은 기관들
을 참고, 인내하고, 괴로워하는 것"[6]이라 정의한다. 콜슨은 관용

---

5) Horton, John and Nicholson, Peter, "Philosophy and the practice of toleration",
   Toleration: Philosophy and Practice, John Horton and Peter Nicholson, Vermont:
   Ashgate Publishing Company, 1992, p. 2.

6) King, Preston, *Toleration*, second edition, London: Frank Cass, 1998, p. 21.

이란 "반대하는 대상이 자신의 관심 사항에 대한 의견을 표현하는 것을 허용하는 것"7)이라 규정한다. 이들의 정의로부터 다음과 같은 두 가지 종류의 반대를 발견할 수 있다.8) 우선 첫 번째 반대는 관용의 행위자가 특정한 대상에 대해 가지는 반대이다. 이를 니콜슨과 홀튼은 "승인받지 못한 것", 킹은 "진정으로 동의하지 않는 [것]", 콜슨은 "반대하는 대상"이라 표현하다. 관용 안에 존재하는 두 번째 반대는 첫 번째 반대를 특정한 방식으로 현실화하는 것을 포기 혹은 반대하는 것을 뜻한다. 다시 니콜슨과 홀튼, 킹, 콜슨이 제시한 관용의 정의를 살펴보면 다음과 같이 두 번째 반대를 확인할 수 있다. 니콜슨과 홀튼은 "간섭의 활동을

---

7) Colson, Cooper, *Against the Night: Living in the New Dark Ages*, Ann Arbor: Vine Press, 1989, p. 47.

8) 두 가지 요소가 관용의 행위 안에서 실천된다는 필자의 생각은 킹(King)의 분석에서 부터 말미암은 것이다. 하지만 킹은 이 두 가지 요소를 하나는 반대 요소(objection component)라고 부르고, 두 번째 반대를 승인 요소(acceptance component)라고 부른다(King, Preston, *Toleration*, pp. 44~54). 필자는 킹의 관용에 대한 분석이 관용의 중요한 특성을 성공적으로 드러냈다고 평가하지만, 두 번째 요소를 승인 요소라 부르는 것은 관용에 대한 오해를 일으킬 수 있다는 점에서 논쟁적이라는 점을 지적하고자 한다. 그 이유는 두 가지이다. 우선, 킹이 승인 요소라고 부르는 것은 그가 스스로 주장하듯이 특수한 형태의 승인인데, 이는 자신이 반대하는 대상에 대해 아무런 행위를 하지 않은 것과 유사할 만큼 최소화된 형태의 승인을 뜻한다. 하지만, 아무런 행위를 하지 않는 것과 유사할 만큼의 최소한의 승인의 정도가 무엇인지는 여전히 불명확하다. 그리고 이러한 불명확성은 관용을 이해하기 어려운 모호한 행위로 만든다. 따라서 필자는 관용에 대한 이해를 명확하게 하기 위해 킹이 승인의 요소라 부르는 것을 첫 번째 반대 요소와는 다른 또 다른 종류의 반대 요소라 불러야 한다고 주장한다. 둘째, 승인의 요소는 자칫 관용이 관용의 대상을 수용한다는 오해를 불러일으킬 수 있다. 필자는 이러한 오해를 반드시 피해야 한다고 생각한다. 이에 대한 다른 설명은 각주 15에서 간략하게 다루고 있다.

하지 않기로 숙고된 판단을" 함으로써 두 번째 반대를 표명하고, 킹은 "참고, 인내하며, 괴로워하는 것"을 통해 두 번째 반대를 말하며, 콜슨 또한 "간섭의 행위를 하지 않기로" 결정하여 첫 번째 반대가 실현되는 것을 반대하는 두 번째 반대를 상정한다.

관용에 대한 일반적인 정의뿐 아니라 일상적으로 관용적 행동이라 받아들여지는 예를 통해서도 이 두 가지 종류의 반대는 손쉽게 확인된다. 특정한 종교적 관점에서 다른 종교를 관용하는 행위의 예를 살펴보도록 하자. 오스만제국의 밀렛 체제는 이슬람의 통치하에서 그리스 정교회, 아르메니안 기독교인, 유대인이 각자의 종교적 삶을 영위하며 살아갈 수 있도록 허용한 역사적으로 유례를 찾기 힘든 관용적 통치체제였다.9) 하지만, 이슬람의 밀렛 체제가 보여준 이상적인 종교적 관용의 예는 지배적 종교인 이슬람이 어떠한 방식으로든 다른 비이슬람 종교로 교체될 수도 있다는 가능성을 포함하고 있지 않다. 지배 종교로서의 이슬람의 비이슬람 종교에 대한 상대적인 우월성은 이슬람인들에게는 변함이 없는 것이었으며, 비이슬람 세력의 종교적 삶의 방식은 명백한 반대의 대상이었다. 물론 여기에서의 반대는 비이슬람적 종교가 존재해서는 안 된다는 의미에서의 반대가

---

9) 관련 연구로는 김종일, 「오스만제국 내 기독교인에 관한 정책 연구」, 『한국중동학회논총』 40(1), 한국중동학회, 2019를 참고하였다.

아니라, 그들의 종교적 삶을 자신의 종교적 삶으로 받아들일 수 없다는 의미에서의 반대를 뜻한다. 더불어, 밀렛 체계는 이러한 반대를 어떠한 방식으로든 그리스 정교회, 아르메니안 기독교, 유대인들의 사회 안에서 실현하지 않았다. 심지어 그들은 자신들의 신앙 공동체 안에서 각자의 율법에 근거한 독자적인 사법 체계까지도 유지할 정도로 관용적인 처우를 받았다. 관용의 두 번째 반대는 여기에서 찾을 수 있다. 오스만제국의 이슬람 지배층은 비이슬람 세력들에 대한 명백한 반대에도 불구하고 그들의 삶의 방식이 실현되는 것을 반대하지 않음으로써 그들을 관용한 것이다.

특정한 성적 지향에 대한 관용적 태도 또한 이러한 두 가지 반대를 포함한다. 우선, 어떤 이가 특정한 성적 지향을 관용한다는 것은 관용의 대상인 특정한 성적 지향을 받아들인다는 것을 뜻하지 않는다. 오히려 그는 관용의 대상이 되는 성적 지향에 대한 명백한 반대의 의사(첫 번째 반대)를 가지고 있다. 하지만, 그는 그것이 어떤 이유가 되었든 간에, 자신의 반대가 특정한 성적 지향을 가진 이에 대한 구속, 탄압, 박해, 살인 등과 같은 폭력적인 방식으로 실현하는 것을 반대(두 번째 반대)한다.

이 두 가지 종류의 반대가 존재한다는 것을 밝히는 것은 관용의 형식적 구조를 밝힌다는 점에서 이 글의 시작점이라고 할 것이다. 하지만, 이것만으로는 부족하다. 우리는 이 둘이 어떠한 기제 안에서 서로 연관성을 유지하는지를 파악해야 한다. 이어지는 논의에서 필자는 관용의 행위 안에서 존재하는 두 가지 종류의 반대를 차례로 분석할 것이다.

3. 숙고된 자율적 반대

앞에서 살펴본 첫 번째 반대, 즉 관용의 대상에 대한 반대에 관련하여 먼저 주목해야 하는 것은 이 반대가 관용을 실천하는 이의 자율적 판단에 의해 형성된 것이어야 한다는 것이다.[10] 자율적인 판단이라는 것은 관용의 행위자가 유지하고 있는 관용의 대상에 대한 반대의 태도가 행위자의 의도와는 상관없이 형성된 것이어서는 안 된다는 것을 뜻한다. 특정한 종교적 믿음에 대한 관용은 그 대상에 대한 자율적으로 형성된 반대를 요구한다. 특정한 성적 지향에 대한 반대 또한 대상에 대한 자율적으로 형성된 반대를 전제한다. 또한, 판단의 주체는 특정한 윤리관, 종교관, 철학적 전망과 같은 자신의 삶을 아우르는 특정한 포괄적[11]

---

10) King, Preston, *Ibid.*, p. 21.
11) 여기에서 포괄적이라는 표현은 한 개인의 인생 전반에 관한 합리적인 인생 계획을

규율을 삶의 기준으로 선택할 자유를 가지고 있으며, 경우에 따라 이를 수정할 수 있는 자유 역시 가지고 있다는 점에서 자율적이라 말할 수 있다.12) 즉, 무엇인가를 반대하는 자는 그 반대를 정당화하는 근거를 자율적으로 선택할 수 있어야 한다는 것이다. 관용에서의 첫 번째 반대가 자율적이어야 한다는 것은 이 반대가 외적 요인의 강제가 아닌 행위자의 온전한 판단으로 인해 형성되어야 한다는 것을 뜻한다.

비자율적 요인에 의해 형성된 특정한 대상에 대한 반대의 태도는 상황의 변화에 따라 그 지위가 유동적일 수 있다는 점에서 관용을 구성하는 하나의 요소로 받아들여지기 어렵다. 외부적 요인에 의해 강제된 특정한 태도에 대한 반대의 입장이 관용을 움직이는 하나의 구성요소로 자리잡힌다면, 설사 관용의 행위로 보이는 듯한 행위가 실천된다고 하더라도, 그 행위를 관용의 실

포괄하는 전체 기획이라는 점에서 롤즈가 정의한 포괄적인 목적과 동일한 의미를 가지고 있다. 존 롤즈, 황경식 옮김, 『정의론』, 이학사, 2003, 534쪽.

12) 로크의 관용에 대한 논증 중 하나인 강제의 비합리성은 바로 비자율적 판단에 대한 비판이다. 로크는 믿음이라는 것이 그 본성에 의해 강제될 수 없다고 주장한다. 이에 따르면, 불관용적인 종교 탄압자는 비합리적인 행위를 실천하는 것이다. Locke, John, *A Letter Concerning Toleration*, London: Yale University Press, 2003, pp. 218~219. 맨더스는 관용을 실천하는 자의 자율성에 대한 원칙을 제시하는데, 이 또한 참고할 필요가 있다. 그녀는 자율적 행위자의 성격을 다음과 같이 규정한다. 첫째, 행위를 선택할 수 있는 위치에 있어야 하며, 둘째, 외부적 힘에 의해 강제되어서는 안 되며, 셋째, 행위자의 합리성을 약화시킬 만큼의 거부할 수 없는 욕구나 욕망에 병리학적으로 사로잡혀 있어서는 안 된다. Mendus, Susan, *Toleration and the Limits of Liberalism*, London: Macmillan, 1989, p. 53.

천이라 부르기는 어렵다. 왜냐하면, 외적 요인(비자율적 요인)의 강제가 상황의 변화에 따라 제거될 경우에, 관용으로 보였던 행위는 더 이상 관용의 행위가 될 수 없기 때문이다. 더욱이 이러한 형태의 비자율적 반대는 판단 주체가 품고 있는 대상에 대한 입장을 불명확하게 만든다. 이러한 반대는 행위 주체가 특정 대상에 대해 가질 수 있는 입장을 불확정적인 것으로 만들기에, 앞에서 살펴본 관용 안에 존재하는 명백한 반대의 자격조건을 충족하지 못한다. 따라서 "명백한 반대에도 불구하고"13)라는 조건을 충족하지 못한다는 것이다. 이에, 첫 번째 반대는 판단 주체의 자율성에 기인한다는 면에서 자율적 반대라고 부를 수 있다.

하지만, 자율적 반대는 관용에서 발견하는 첫 번째 반대를 설명하기에는 아직 충분치 않다. 우리는 첫 번째 반대의 두 번째 속성에 주목해야 한다. 이 두 번째 속성은 관용 안의 자율적 반대는 숙고된 것이라는 점이다. 관용의 행위자가 관용의 대상에 대해 유지하는 반대는 자율적인 동시에, 일시적인 감정이나 우연적인 상황에 의해 결정되는 것이 아닌, 합당한 근거에 의해 지속적으로 유지될 수 있는 숙고된 반대여야만 한다. 이를 설명하기 위해 필자는 관용을 무관심과 용서와 비교해 볼 것이다.

---

13) 이를 앞에서 제시한 예에 적용하면 다음과 같다. "명백한 비이슬람 종교에 대한 반대에도 불구하고", 혹은 "특정한 성적 지향에 대한 명백한 반대에도 불구하고."

관용을 분명하게 이해하는 것을 방해하는 몇 가지 요인 중
하나는 관용의 행위를 무관심이나 용서와 혼용하여 사용하는
대중적인 인식이다.14) 이러한 인식의 주된 이유는 첫 번째 반대
에 대한 오해 탓이다. 용서는 가해의 주체가 피해의 주체에게
특정한 피해를 가했음에도 불구하고 이에 대한 처벌을 가하지
않겠다는 주체의 자율적인 결정이다. 그러한 의미에서 용서는
관용 안의 첫 번째 반대와 같은 형식의 반대를 가지고 있다는
점에서 관용과 유사하다 할 수 있고, 더 나아가 그 반대가 실현되
지 않는다는 점에서도 더욱 그렇다고 할 수 있다. 하지만, 관용은
주체의 반대로부터 시작되는 반면, 용서는 주체가 받은 피해에
서 시작된다는 점에서 이 둘의 차이는 명백하다. 관용은 대상에
대한 지속적이며 명백한 반대가 존재해야만 실천될 수 있지만,
용서는 외재적 요인으로 가해지는 피해로 인해 촉발되어 시작하
고 그 피해에 대한 심리적 피해가 복구되면 사라진다. 또한, 무관

---

14) 카불을 점령한 탈레반이 미국과 나토에 협력한 자국민들과 교육과 정치 참여의
   권리를 누렸던 여성에게 던진 메시지에는 용서와 관용이 혼용되어 사용되고 있다.
   그들은 여성들과 반 탈레반 전선에 기여했던 이들을 용서하겠다고도 말하기도
   하며 관용하겠다고도 말하기도 한다. 탈레반은 이 둘을 명확하게 구분하지 못하는
   것으로 보인다. 흥미로운 점은, 탈레반을 주시하는 서방의 언론들 또한 탈레반의
   태도에서 용서와 관용의 흔적을 탐색함에 있어 이 둘을 혼용하여 사용하고 있다는
   것이다. Sune Engel Rasmussen & Ehsanullah Amiri, "Taliban's Promises of Tolerance
   in Afghanistan Often Don't Match Reality"(The Wall Street Journal, 2021.09.01)과
   Peter Beaumont, "Taliban seek no 'revenge' and all Afghans will be 'forgiven'"(The
   Guardian, 2021.08.17) 참조.

심은 무관심의 대상에 대한 특정한 박해나 간섭, 구속 등을 실천하지 않는다는 점에서 관용과 유사하다 할 수 있지만, 무관심은 주체의 명백한 반대라는 동기를 포함하고 있지 않는다는 점에서 관용과 구별된다. 무관심한 대상에 대해 명백한 반대의 입장을 유지한다는 것을 상상하기란 매우 어렵다.

용서와 무관심과 달리, 관용의 주체는 관용에 대상에 대한 합당한 근거에 기반한 지속적인 반대의 입장을 고수해야 한다. 즉, 관용의 주체는 외부적인 피해나 태만으로 인한 무관심, 일시적인 감정의 변화로부터 생산된 반대가 아닌, 지속적이며 합리적인, 충분히 숙고된 반대의 입장을 제시해야 한다는 것이다. 용서의 행위는 예측할 수 없는 피해의 양과 성격에 따라 행위 주체의 명백하며 지속적인 반대의 입장을 유지할 수 없다. 예측할 수 없는 피해를 어떻게 숙고할 수 있겠는가? 또한, 무관심은 무관심의 대상에 대한 강한 반대의 입장이 처음부터 존재하지 않는다는 것을 전제한다는 점에서 논외가 된다. 이러한 이유로 용서의 행위는 반복될 수 없고, 무관심의 행위는 행위 주체의 대상에 관한 관심 정도의 변화에 따라 쉽게 사라진다. 하지만, 관용의 행위는 일시적이고 즉흥적인 동기로 인해 실천되지 않는다. 왜냐하면, 관용의 행위에서 발견되는 첫째 반대는 충분한 정도의 숙고된 판단에 의해 형성된다고 여겨지기 때문이다.

논의를 진행하기에 앞서, 이렇게 특징지은 관용의 대상에 대한 반대의 태도는 무엇인가를 반대하는 행위 일반 중 특정한 하나의 형태일 뿐이라는 점을 지적해야 할 것이다. 자율적이며 숙고된 판단에 의해 성립된 반대의 의견이 모두 관용의 행위 안의 최초의 자율적이며 숙고된 반대가 될 수 없다는 것은 분명하다(나는 관용과 상관없이 특정한 반인륜적 전쟁범죄에 대한 자율적이고 숙고된 반대의 입장을 유지할 수 있다. 하지만, 나의 이러한 자율적이고 숙고된 반대가 반인륜적 전쟁범죄를 관용한다는 비상식적인 행위의 실마리가 될 수는 없다). 하지만, 현재의 논의에서 주목해야 하는 것은, 관용의 행위 안에 존재하는 첫 번째 반대는 반드시 자율적이며 숙고된 반대여야만 한다는 것이다. 필자는 이러한 부정적 태도를 다른 반대의 행위와 구별하기 위해 숙고된 자율적 반대라고 부를 것이다.

4. 의존적 반대

첫 번째 반대에 이어 관용의 행위 안에 존재하는 두 번째 반대를 살펴보도록 하겠다. 앞서 살펴본 숙고된 자율적 반대와 마찬가지로 두 번째 반대 또한 서수가 아닌 그 속성에 따른 명칭이 붙여질 것이다. 이는 첫 번째 반대에 대한 논의가 그러했듯이 논의가 마무리되는 이번 장 마지막에 정해질 것이다. 현재는 논의의 편의상 두 번째 반대라 부리기로 하겠다.

두 번째 반대는 앞 장에서 논의된 숙고된 자율적 반대가 어떠한 형태로든 실천되는 것에 대한 반대이다. 특정한 종교적 신념에 대한 관용은 그 대상에 대한 반대가 어떠한 형태로든 실현되는 것을 반대함을 뜻한다. 특정한 성적 지향에 대한 관용은 그 성적 지향에 대한 박해와 탄압에 대한 반대를 포함한다. 이 두 번째 반대는 관용의 결과인 것처럼 보인다는 점에서 관용의 핵심적인 요소라고 할 것이다. 앞장에서 살펴보았듯이, 숙고된 자율적 반대는 관용과 상관없이 존재할 수 있는 반대이다. 우리는 어떤 것에 대한 불관용적인 태도를 유지하며, 그 근거로 그 대상에 대한 숙고된 자율적 반대를 제기할 수 있다. 예를 들어, 우리는 특정한 방식으로 어린아이를 학대하며 훈육하는 것에 대한 불관용의 태도를 유지하며 그 근거로 어린아이에게 가해지는 학대에 대한 숙고된 자율적 반대를 제시할 수 있다. 하지만, 두 번째 반대가 숙고된 자율적 반대의 실현을 반대하게 될 때, 숙고된 자율적 반대의 대상은 관용된다. 상상하기 어렵긴 하지만, 어린아이를 학대하며 훈육하는 것에 대한 반대가 두 번째 반대를 만나 어떠한 방식으로든 해소된다면, 어린아이에 대한 학대는 관용된다고 할 것이다. 숙고된 자율적 반대가 두 번째 반대를 만나지 못한다면, 숙고된 자율적 반대는 단지 하나의 독립적인 반대로 남을 뿐이다. 따라서 두 번째 반대는 숙고된 자율적 반대와는 달리 관용이 실천될 수 있는 계기가 된다고 할 것이다. 그리고 숙고된 자율적 반대는 두 번째 반대의 대상이 된다는 점에서 관용의 전제라 할 것이다. 이는 숙고된 자율적 반대가 존재하지 않는다면 두 번째 반대 또한 존재할 수 없기 때문이다. 그렇다면 두 번째 반대의 속성은 무엇인가?

관용의 행위 안에서 발견되는 두 번째 반대는 숙고된 자율적 반대의 두 가지 속성을 공유한다. 우선, 숙고된 자율적 반대와 마찬가지로 두 번째 반대는 관용의 행위자에 의해 자율적으로 선택되어야 한다. 다음과 같은 상황을 상상해보자. 인적이 드문 밤길에서 강도를 만났다고 해보자. 강도는 흉기를 겨누며 지갑을 내놓으라고 요구한다. 대부분 사람은 지갑의 가치보다 생명의 가치를 우선할 것이기에 지갑을 건넬 것이다. 하지만, 그 누구도 강도에게 순순히 지갑을 건네는 것을 보고 피해자가 강도를 관용했다고 말하지는 않는다. 비록 지갑을 내놓는 행위가 두 가지의 반대(지갑을 남에게 건네기 싫다는 숙고된 자율적 반대와 그럼에도 불구하고 숙고된 자율적 반대가 실천되는 것을 다시금 반대하는 것)로 구성되었다 할지라도 그렇다. 그 이유는 무엇인가? 지갑을 넘겨주는 행위를 강도를 관용했다고 할 수 없는 이유는 그러한 행위 안에서 실천되는 두 번째 반대가 자율적 판단이 아니기 때문이다. 강도에게 맞서 싸우거나 도망가는 선택지를 택하는 것이 나의 안전을 확보하는 데에 있어 합리적이지 않다는 상황이 주는 강제성은 두 번째 반대(지갑을 남에게 건네는 것을 반대하는 것이 어떠한 형태로든 실천되는 것을 반대하는 것)를 타율적 반대로 만든다. 따라서 우리가 일반적으로 관용이라 부르는 행위는 반드시 자율적인 두 번째 반대를 포함하고 있어야 한다.

이에 더해, 두 번째 반대 역시 숙고된 판단에 의해서 형성된 것이어야 한다는 점이 지적되어야 한다. 두 번째 반대가 숙고된 판단에 기인해야 하는 이유는 첫 번째 반대가 숙고된 반대여야 하는 이유와 동일하다. 순간적인 변덕, 일시적인 피해, 우연적인 상황 등과 같은 조건들에 의해 형성된 반대는 관용의 두 번째 반대로서 적절히 기능하지 못한다. 충분히 숙고되지 못한 반대로 구성된 관용과 유사한 행위는 상황 조건의 변화에 따라 독립적인 하나의 숙고된 자율적 반대로 그 성격을 변화할 수 있다. 충분히 사려 깊지 못한 요소들로 형성된 값싼 연민과 동정은 상황의 변화에 따라 더욱 고조된 혐오로 되돌아오곤 한다. 관용적 태도가 안정적으로 유지되기 위해서는 좀 더 강력하고 안정된 근거를 통해 숙고된 형태의 반대가 필요하다.

하지만, 이 두 번째 반대는 숙고된 자율적 반대와 동일하지는 않다. 왜냐하면, 두 번째 반대는 논리적으로 숙고된 자율적 반대를 요구하기 때문이다. 숙고된 자율적 반대가 실천되는 것을 반대하는 것이 두 번째 반대의 속성이다. 따라서 필자는 숙고된 자율적 반대를 요구하고 의존한다는 점에서 이 두 번째 반대를 의존적 반대라 부르기로 하겠다.

5. 두 가지 부정적 태도들의 기제

지금까지의 논의를 통해 숙고된 자율적 반대와 의존적 반대라는 두 가지 종류의 반대가 존재함을 확인하고 그 속성을 밝혔다. 이제는 이 둘이 관용이라는 행위 안에서 어떠한 관계를 맺고 있는지 확인해야 한다. 이 두 가지 반대는 그 자체로는 독립적인 행위라고 생각할 수 있다. 살펴보았듯이, 우리는 관용을 실천하지 않더라도 특정한 대상에 대해 얼마든지 숙고된 자율적 반대의 입장을 유지할 수 있다. 의존적 반대 또한 실은 관용의 행위 안에서나 숙고된 자율적 반대에 의존적일 뿐이지, 그 자체만으로도 독립적인 가치판단일 수 있다. 우리는 특정한 성적 지향에 대한 어떤 명백한 입장을 세우지 않더라도 이를 탄압하려는 자들에 대한 반대의 입장을 얼마든지 세우고 유지할 수 있다. 언론의 자유를 탄압하는 것을 반대하는 것은 탄압받는 언론이 무엇인지, 왜 탄압받는지에 대한 명백한 이해 없이도 이루어질 수 있다. 하지만, 현재의 논의가 주목하는 것은 관용의 행위 안에 존재하는 두 가지 반대이다. 이 둘은 어떻게 하나의 관용적 행위 안에서 공존할 수 있는가? 그 공존의 방식에서 이 둘은 서로 어떠한 관계를 맺는가?

5장에서는 숙고된 자율적 반대와 의존적 반대 사이에 작용하는 두 가지 기제를 살펴보고자 한다. 첫 번째로 확인할 기제의 내용은 의존적 반대가 숙고된 자율적 반대보다 우선적으로 고려된다는 점이다. 의존적 반대의 우선성이 충분히 고려되지 않는다면 관용의 행위는 실천될 수 없다. 두 번째 기제는 진정한 관용의 행위 안에서 숙고된 자율적 반대와 의존적 반대가 서로 정합성을 유지한다는 것이다. 필자는 이를 관용의 주체가 가진 숙고된 자율적 반대가 반대의 지속성과 강도를 유지하며 의존적 반대를 실천하기 위한 조건이라 주장한다. 또한, 필자는 이 두 반대가 모두 하나의 종교적, 철학적, 문화적 관점에서 도출돼야만 정합성을 유지할 수 있다고 주장할 것이다. 만약 이러한 조건이 확보되지 못한다면 실천 가능한 안정적인 관용의 가능성에 대한 전망은 요원하다 할 것이다. 우선, 차례대로 의존적 반대의 우선성 먼저 살펴보겠다.

1) 의존적 반대의 우선성

직관적으로, 의존적 반대에 우선성이 부여되는 것은 당연해 보인다. 숙고된 자율적 반대가 의존적 반대보다 우선적으로 고려될 때 관용의 행위가 실천될 수 없음은 당연할 것이다. 관용의 실천은 오직 의존적 반대의 실천이 우선적으로 고려될 때에만 발생한다.[15] 우선성이 전혀 고려되지 않고 숙고된 자율적 반대와 의존적 반대의 세기를 동일한 것으로 평가한다면, 관용은커녕

---

15) 우선성의 문제는 관용을 구성하는 두 가지 반대 중 우선성이 어디에 부여되는가에 대한 문제이다. 이를 우선성에서 배제된 반대가 제거된다고 파악하는 것은 이 두 가지 반대를 하나의 행위 안에 실천하는 관용에 대한 치명적인 오해이다. 관용의 행위가 두 가지 반대 중 어느 하나도 제거하지 않는다는 것은 명백하다. 만약, 우선성을 부여하는 행위가 숙고된 자율적 반대를 제거한다고 이해한다면 관용의 행위는 실천되지 않고 오직 수용의 선택만이 이루어진다고 봐야 한다. 반대로 의존적 반대가 제거된다면, 그것은 단순한 반대의 실천을 뜻할 뿐이다.

하나의 통일된 행위조차 불가능할 것이다. 두 반대 사이에서 작동하는 우선성의 기제를 확인하기 위해 다음의 예를 살펴보겠다.

어거스틴은 기독교적 관점 안에서 비기독교인들에 대한 관용적 자세를 청하는 근거로 마태복음 13장 24절에서 30절, 그리고 37절에서 43절을 빈번히 언급한다.16) '가라지(weed)의 비유'로 유명한 이 구절은 가라지들에 대한 잠정적인 관용의 태도를 보여야 하는 이유를 다음과 같이 설명하고 있다.

하늘나라는 자기 밭에 좋은 씨를 뿌리는 사람에 비길 수 있다. 사람들이 자는 동안에 그는 원수가 와서 밀 가운데에 가라지를 덧뿌리고 갔다. 줄기가 나서 열매를 맺을 때에 가라지들도 드러났다. 그래서 종들이 집주인에게 가서, '주인님, 밭에 좋은 씨를 뿌리지 않았습니까? 하고 묻자, '원수가 그렇게 하였구나.' 하고 집주인이 말하였다. 종들이 '그러면 저희가 가서 그것들을 거두어 낼까요?' 하고 묻자, 그는 이렇게 일렀다. '아니다. 너희가 가라지를 거두어 내다가 밀까지 함께 뽑을지도 모른다. 수확 때까지 둘 다 함께 자라도록 내버려 두어라. 수확 때에 내가 일꾼들에게, 먼저 가라지를 거두어 단으로 묶어 태워버리고 밀은 내 곳간으로 모아들이라고

---

16) 아우구스티누스, 추인애 옮김, 『신국론』, 동서문화사, 2014, 990쪽 참조.

하겠다. (마태복음 13:24~30)

예수는 곧이어 자신이 말한 가라지에 우화에 대한 자세한 설
명을 제시한다.

좋은 씨를 뿌리는 이는 사람의 아들이고, 밭은 세상이다. 그리고
좋은 씨는 하늘나라의 자녀들이고 가라지들은 악한 자들의 자녀들
이며, 가라지를 뿌린 원수는 악마다. 그리고 수확 때는 세상 종말
이고 일꾼들은 천사들이다. 그러므로 가라지를 거두어 불에 태우
듯이, 세상 종말에도 그렇게 될 것이다. 사람의 아들이 자기 천사
들을 보낼 터인데, 그들은 그의 나라에서 남을 죄짓게 하는 모든
자들과 불의를 저지르는 자들을 거두어, 불구덩이에 던져 버릴 것
이다. 그러면 그들은 거기에서 울면서 이를 갈 것이다. 그 때에 의
인들은 아버지의 날에서 해처럼 빛날 것이다. (마태복음 13:37~43)

가라지의 비유를 앞서 제시한 두 가지 부정의 태도로 해석하
자면 다음과 같다. 우선, 가라지를 악한 자들의 씨라고 판정하는
숙고된 자율적 반대는 기독교 교리의 산물이다. 세상은 예수와
악마가 씨를 뿌리는 곳이고, 그 밭에는 두 가지 종류의 씨가 뿌려
진다. 하나는 예수가 뿌린 하늘나라 자녀의 씨앗이고, 나머지는

악마가 뿌린 가라지의 씨앗이다. 예수는 선한 씨앗과 악한 가라지의 씨앗을 구분하면서도 가라지의 씨앗에 대한 즉각적인 처벌을 금지한다. 이를 숙고하여 자율적으로 받아들인 기독교인은 명백한 가라지의 씨앗에 대한 반대의 입장에도 불구하고 그 반대를 실천하기를 거부함으로써 의존적 반대를 우선적으로 실천한다. 그 결과 가라지의 씨앗에 대한 관용의 행위가 실천된다. 기독교인은 악의 대상인 가라지의 씨앗에 대한 명백한 반대(숙고된 자율적 반대)와 그들에 대한 증오와 혐오를 실천하여 그들을 처벌하려 들지 말라는 예수의 명령(의존적 반대) 중 예수의 명령에 우선성을 부여함으로써 관용을 실천한 것이다. 어거스틴은 가라지의 이야기를 이방인들과 유대인들에 대한 잠정적인 관용의 근거로 삼는다. 최후 심판의 순간까지 그들에 대한 처벌을 유예하여, 그들이 잘못된 믿음이 아닌 진정한 믿음의 종교로 돌아와 자신이 가라지의 씨앗이 아님을 스스로 증명할 기회를 부여해야 한다는 것이다.[17]

하지만, 숙고된 자율적 반대와 의존적 반대의 우선성을 고려한 결과, 우선성의 저울추가 숙고된 자율적 반대로 기울어진 경우 또한 존재하는데, 이는 도나투스주의자들에 대한 어거스틴의

---

17) 아우구스티누스, 위의 책, 1093쪽.

입장 변화에서 잘 드러난다. 테툴리아누스(Terttulian)와 키프리아누스(Cyprian)의 적통자임을 자인하는 도나투스주의자들의 급진적인 기독교 교리는 북아프리카 히포(Hippo)의 주교였던 어거스틴에게는 매우 골치 아픈 문제였다. 그들의 분파주의는 단순히 물질적인 피해뿐만 아니라 가톨릭 교회의 일치성과 보편성을 위협하는 것이었기 때문이다.[18] 결국, 도나투스주의자들에게 어거스틴이 취한 초기의 관용적 태도에도 불구하고,[19] 가톨릭 교회가 원하는 북아프리카의 종교적 질서는 도나투스주의자들과의 양립을 통해서는 이루어질 수 없는 것을 어거스틴 또한 인정할 수밖에 없었다. 이에 어거스틴은 도나투스주의자들에 대한 박해를 비난하던 자신의 초기 입장[20]에서 선회하여 도나투스주의자들이 "스스로가 가라지 임을 증명하고 있으며, 더 나쁜 것은 스스로 밀(wheat)로부터 자신들을 분리시키고 있다"[21]고 평가하며 그들에 대한 박해를 허용했다. 흥미로운 점은, 도나투스주의

---

18) 이현준, 「아우구스티누스와 도나투스주의의 교회일치와 국과 관계론 연구」, 『신학연구』 65, 한신대학교 한신신학연구소, 2014, 164쪽.

19) Rohr, John, "Religious Toleration in St. Augustine", *Journal of Church and State*, Vol. 9, No. 1 (Winter, 1967), pp. 51~71.

20) J. P. Migne, ed., *Patrologiae Latinae*(Paris: Ex typis L. Migne, 1865), XXXIII, 98; F. Tempsky, ed., *Corpus Scriptorum Ecclesiasticorum Latinorum*(Vienna: Apud C. Geroldi filium, 1866), XXXIV, 71. Rohr의 위의 논문에서 재인용(p. 55).

21) Augustine, *Selected Letters*, Jame Houston Baxter and B. D., D. Litt., Cambridge: Harvard University Press, 1952, letter 76, p. 297.

자들에 대한 어거스틴의 초기의 관용적 태도에서 박해에 대한 승인으로 전환되는 입장의 변화를 우선성의 위치 변화로 설명할 수 있다는 것이다. 어거스틴이 도나투스주의자에 대한 관용적인 태도를 유지할 때, 그의 우선적 고려의 대상은 의존적 반대였다. 하지만, 도나투스트들이 독단적인 종교적 교리의 실천을 통해 자신이 가라지임을 스스로 증명하고 있다고 판단한 어거스틴은 우선성의 고려를 숙고된 자율적 반대로 옮긴다. 왜냐하면, 도나투스주의자들이 자신을 스스로 밀(wheat)에서 분리해 따로 존재하기 시작했기 때문에, 그들을 제거하는 도중 예기치 않게 발생할 수 있는 피해가 예방될 수 있다는 확신을 어거스틴이 얻었기 때문이다. 따라서 숙고된 자율적 반대의 행위자(어거스틴과 가톨릭교회)는 관용적 반대에 대한 우선성을 재설정하여 숙고된 자율적 반대를 우선적으로 실천하게 된다. 여기에서 우리가 살펴볼 수 있는 것은 우선성이 양 끝에 숙고된 자율적 반대와 의존적 반대를 매달고 있는 저울의 기울기를 결정하는 요인이라는 것이다. 당장은 평평한 저울에 우선성이라는 저울추가 의존적 반대에 더해지면 초기의 도나투스주의에 대한 어거스틴의 입장이 그러했듯이 관용적인 행위가 실천되지만, 숙고된 자율적 반대에 우선성이라는 저울추가 더해지면, 숙고된 자율적 반대는 그 내용 그대로 탄압과 박해의 수단으로 실천된다. 따라서 관용의 행위는 우선적 고려의 대상으로 의존적 반대를 선택해야 함을 전제로 삼는다.

2) 유사관용(pseudo-toleration)에 대한 분석을 통해 드러나는 정합성

도나투스주의자들에 대한 어거스틴의 입장 변화, 즉 관용적 입장에서 명백한 반대의 입장으로의 변화를 두 가지 반대에 대한 우선성의 변화로 해석한 것은 관용의 행위를 이해하는 데에 중요한 단서를 제공해준다. 하지만, 이는 보다 근원적인 물음에 대한 답을 제공하기에는 충분치 못하다. 보다 근원적인 물음은 의존적 반대에 우선성이 성공적으로 부여되기 위해서는 어떠한 조건들이 충족돼야 하는가를 묻는다. 예를 들어, 특정한 성적 지향 D를 관용하기로 한 C는 어떠한 조건 안에서 D에 대한 자신의 숙고된 자율적 반대를 유지하면서 이에 대한 의존적 반대에 우선성을 부여할 수 있는가를 설명할 수 있어야 한다는 것이다. 이 근거에 대한 설명은 이 글이 답하고자 하는 물음, 즉, 관용의 근거가 될 수 있는 자격을 가진 특정한 신념 및 이론체계는 어떠한 조건을 충족하였길래 이 두 가지 반대의 관계를 유지하면서 관용의 근거로서의 자격을 얻게 되었는가에 대한 답이 될 것이다.

필자는 이러한 근원적인 물음의 답을 다음과 같이 주장한다. 숙고된 자율적 반대가 유지되면서 의존적 반대에 우선성이 부여되기 위해서는 이 둘 간의 정합성이 유지되어야 한다. 필자가 사용하는 정합성이 유지된다는 말의 의미는 이 두 반대가 한 행위 안에 동시에 존재하는 데에 있어 모순됨이 없어야 한다는 것을 의미한다. 그러기 위해서는 숙고된 자율적 반대와 의존적 반대가 모두 하나의 동일한 종교적, 윤리적, 철학적 관점에 의해 정당화될 수 있어야 한다. 그리고 필자는 이렇게 두 가지 반대의 입장을 동시에 정당화시킬 수 있는 종교적, 철학적, 문화적 관점이야말로 관용적이라 불릴 수 있다는 점을 주장한다.

이를 논증하기 위해 필자는 다음과 같은 과정을 거치고자 한다. 우선, 두 개의 반대가 하나의 동일한 종교적, 철학적, 문화적 관점에 의해 반대의 동기를 부여받지 못하는 상황을 가정할 것이다. 즉, 두 개의 반대가 각기 다른 요인에 의해 동기를 부여받게 되는 상황을 가정한다는 것이다. 이때 숙고된 자율적 반대에 동기를 부여하는 근거를 내적 요인이라 부를 것이고, 이와 구분되는 요인을 외적 요인이라 부를 것이다. 이때 외적 요인은 의존적 반대의 동기를 부여하는 근거라고 가정된다. 이러한 할당의 의도는 분명하다. 숙고된 자율적 반대가 외적 요인에 의해 동기 부여된다고 가정한다면, 이러한 가정은 우리의 논의에 도움이 되지 못하기 때문이다. 왜냐하면, 그렇게 가정될 경우, 외적 요인에 의해 동기가 부여된 숙고된 자율적 반대는 관용의 행위도, 반대의 행위도 도출해낼 수 없기 때문이다. 따라서 필자는 외적 요인에 의해 동기가 부여된 의존적 반대를 가정해보고자 한다. 이러한 가정의 의도를 조금 더 부연하자면 다음과 같다. 외적 요인은 관용 안의 두 가지 반대가 각기 다른 근거에서 성립될 경우 도출되는 결과를 보이기 위해 도입된 장치이다. 다시 말해, 하나의 동일한 관점의 통일성을 와해시키는 외적 동기를 설정했을 때 도출되는 결과를 보임으로써, 하나의 동일한 관점이 필요하다는 것을 역설하기 위한 장치인 것이다. 이러한 장치를 대입해본 결과, 외적 요인에 의해 동기가 부여된 의존적 반대는 관용의 행위 주체의 숙고된 자율적 반대를 상당한 정도로 위협할 수 있다는 것이 발견될 것이다. 그럴 경우, 관용은 실천될 수 없다. 이는 외적 요인에 의해 동기가 부여된 의존적 반대가 숙고된 자율적 반대에 대한 우선성을 확보할 경우, 관용의 행위 주체의 숙고된 자율적 반대는 외적 요인으로부터 이끌어진 의존적 반대와 충돌하기 때문이다. 그 결과, 숙고된 자율적 반대는 상당한 정도로 약화 혹은 억제될 수 있다. 관용에 대한 우리의 일반적인 이해는 이러한 결과를 받아들일 수 없는데, 그 이유는 관용이 약화되거나 억제되지 않은 명백한 반대를 요구하기 때문이다.

필자는 숙고된 자율적 반대가 약화될 경우와 억제될 경우를 따로 나눠 살펴보고자 한다. 이로부터 숙고된 자율적 반대와 의존적 반대 간의 우선성의 설정이 외적 요인이 아닌 통일된 하나의 종교적, 윤리적, 철학적 관점에서 도출되어야 한다는 결론을 도출될 것이다.

외적 요인에 의해 동기가 부여된 의존적 반대가 숙고된 자율적 반대보다 우선적으로 고려되어 도출된 행위들은 관용의 행위와 유사하게 구성을 지니고 있다. 그 행위에는 동기가 어디에서 부여되었건, 숙고된 자율적 반대와 의존적 반대가 존재하기 때문이다. 필자는 이렇게 도출된 행위를 관용의 행위와 구분하기 위해 유사-관용(pseudo-toleration)이라고 부르고자 한다. 그리고 외적 요인에 의해 동기가 부여된 의존적 반대를 지금까지 논의한 의존적 반대와 구분하기 위해 유사-의존적 반대라고 부르도록 하겠다.

(1) 유사관용에 의해 숙고된 자율적 반대가 약화된 경우

우선, 유사-관용의 예를 다음과 같이 제시하고자 한다. 약속된 저녁식사를 참석하기 싫음에도 불구하고 참석해야 하는 경우를 생각해보자. 약속의 주체는 어찌 되었건 저녁 식사에 참석하기로 하였다. 왜 그런 약속을 했는지는 전혀 중요하지 않다. 중요한 것은 이 행위 안에 두 가지 종류의 반대가 존재한다는 것이다. 즉, 약속의 주체는 이미 약속해버린 저녁 식사에 대한 진실된 거부의 의향을 가지고 있으며, 그럼에도 불구하고 진실된 거부의 의향이 실천되는 것을 반대하는 마음 또한 갖고 있다. 그리고 이러한 특성은 분명 관용의 그것과 유사하다. 우선성이 부여된다는 것 또한 관용과의 유사점이라고 할 수 있다. 저녁 식사에 참석하기 싫다는 행위 주체의 숙고된 자율적 반대는, 그럼에도 불구하고 참석해야 한다는 유사-의존적 반대와의 경쟁의 결과 우선적 고려의 대상에서 밀려난다. 이해를 돕기 위해 유사한 예를 더하자면, 먹기 불편한 약을 먹어야 하는 경우를 생각해볼 수 있을 것이다. 약을 먹는 주체는 약에 대한 숙고된 자율적 반대의 태도에도 불구하고 약을 먹기로 함으로써 숙고된 자율적 반대에 대한 유사-의존적 반대를 우선적으로 실천한다.

하지만, 이러한 유사-관용의 행위를 관용적 행위라고 부를 수 있는가? 직관적으로 이는 매우 어색한 일이 아닐 수 없다. 우리는 참석하기 싫은 저녁 식사에 참석하였다고 저녁 식사를 관용하였다고 말하지 않는다. 먹기 불편한 약을 복용한 것을 그 약을 관용한 것이라 부르는 것은 분명히 이상한 일이다. 그렇다면 이러한 어색함과 이상함은 어디에서 비롯되는 것인가? 필자는 제시된 유사-관용의 행위의 경우, 숙고된 자율적 반대가 상당 부분 약화했다는 사실로부터 그 이유를 찾고자 한다. 예로 제시된 행위에서 유사-의존적 반대가 우선적으로 실천되기 위해서는 숙고된 자율적 반대가 충분한 정도로 약화되어야 한다. 저녁 식사에 참석했다는 사실 자체가 저녁 식사에 대한 회피의 감정을 제거하지는 못하고, 복용하기 불편한 약을 복용한다는 것 또한 약에 대한 부정적 감정을 제거하지는 못한다. 하지만, 그렇다고 해서 행위 주체의 저녁 식사와 먹기 싫은 약을 복용하는 것에 대한 숙고된 자발적 반대가 최초의 강도로 유지된다고 볼 수는 없다. 이미 맺은 약속을 지켜야 한다는 생각(저녁 식사를 참석하기 싫은 감정이 실현되는 것에 대한 반대)과 저녁 식사를 참석하기 싫다는 생각이 서로 충동하는 상황에서, 이미 맺은 약속을 지켜야 한다는 생각이 우선적으로 채택되기 위해서는 저녁 식사를 참석하기 싫다는 감정이 행위 주체에 미치는 심리적 영향의 강도를 약화시켜야 한다. 약을 먹기 싫다는 생각과 그럼에도 불구하고 약을 먹어야 한다는 생각은 약을 먹기 싫다는 생각의 강도가 약을 먹어야 한다는 당위가 주는 실행성의 강도에 패배했을 때 실천된다. 즉, 유사-의존적 반대에 대한 우선적 고려가 판단 주체의 숙고된 자율적 반대를 충분할 정도로 약화시키지 않는다면 숙고된 자율적 반대에 대한 거부, 즉 유사-관용의 행위는 실천되지 않는다.

　이러한 충돌의 핵심은 약속을 지켜야 한다는 믿음과 건강을 위해 약을 먹어야 한다는 믿음이 사전에 약속된 저녁 식사에 참석하기 싫다는 마음과 약을 먹기 싫다는 마음과는 구분되는 외적 요인이라는 것이다. 즉, 저녁 식사에 참석하는 것과 약을 먹는 것에 대한 부정적인 태도라는 행위 주체의 숙고된 자율적 반대를 그 기준점으로 삼았을 때, 약속을 지켜야 한다는 믿음과 먹기 싫은 약을 먹기로 결정한 행위는 이에 대한 외적 요인으로 이해할 수 있다는 것이다. 그러므로 유사-의존적 반대가 숙고된 자율적 반대와 경쟁하여 상대적 우선성을 확보하기 위해서는 숙고된 자율적 반대가 충분한 정도로 약화되어야 한다.

　하지만, 반복적으로 지적하였듯이, 관용의 행위 안에서 작동되는 행위자의 숙고된 자율적 반대의 약화는 관용의 실천을 위해 허용될 수 있는 조건이 아니다. 특정한 종교적 대상에 대한 관용의 실천은 외적 요인으로 인해 약화된 행위 주체의 숙고된 자율적 반대에 의해 완성되지 않는다. 오히려 이는 관용을 붕괴시킨다. 기독교인이 이슬람 신자를 관용하는 것은 이슬람 신자가 가지고 있는 신에 대한 믿음과 숭배의 방식에 대한 기독교인의 반대를 약화함으로써 완성되지 않는다. 동성애자에 대한 이성애자의 관용적 태도는 동성애자의 성적 지향에 자신이 동참할 수 없다는 확신, 즉 자신의 성적 지향으로는 받아들일 수 없는 동성애자의 성적 지향에 대한 이성애자의 거부를 약화함으로써 완성되지 않는다. 오히려, 그럼에도 불구하고 그들의 삶의 방식에 대한 억압과 박해 등을 반대하는 것이 관용의 완성이다. 앞에서 살펴보았듯이, 어거스틴이 '가라지의 비유'에서 발견한 관용의 근거는 관용의 대상인 악마의 씨에 대한 처분의 강도를 약화시키는 것이 아니다. 그들에 대한 기독교적 처분은 여전히 결정적이고 확고한 것이다.

(2) 유사관용에 의해 숙고된 자율적 반대가 억제/배제된 경우

또한, 외적 요인에 의해 동기가 부여된 유사-의존적 반대는 숙고된 자율적 반대를 배제하길 명령하기도 한다. 이 경우 숙고된 자율적 반대는 유사-의존적 반대의 실천을 위해 억제된다. 억제된다는 것의 의미는 숙고된 자율적 반대가 약화하지 않은 상태로 남는다는 것을 뜻한다. 참석하기 싫은 저녁 식사에 대한 감정은 약속을 지켜야 한다는 더욱 강한 심리적 요인에 의해 조절된다. 약을 먹기 싫은 감정 또한 약이 주는 효용에 대한 믿음에 의해 조절된다. 하지만, 이 두 경우 모두 최초의 감정, 즉 저녁 식사와 약에 대한 거부의 감정이 완전히 억제되지 않는다. 왜냐하면, 저녁 식사에 참석하건 약을 먹건, 이 둘은 여전히 껄끄러운 부정적인 대상이기 때문이다. 하지만, 어떤 종류의 외적 요인은 숙고된 자율적 반대의 주체가 받아들일 수 없는 내용의 유사-의존적 반대를 행위 주체가 받아들이길 요구한다. 받아들일 수 없으므로 그 강도를 조절하는 것의 의미는 상실된다고 할 것이다.

다음의 예를 살펴보자. 자율적 개인의 선택의 가치를 중요하게 판단하는 자유주의의 이념은 특정한 종류의 행위에 대한 매우 강력한 이론적 기반을 제공한다. 그 중 임신 중절에 대한 여성의 선택(pro-choice)을 생명에 대한 우선성(pro-life)보다 중요한 가치로 평가하는 것은 자유주의적 정신에 입각한 것이라 할 것이다.[22] 이에 대한 숙고된 자율적 반대의 입장을 유지할 수밖에 없는 특정한 종교적 입장을 고려해보자. 자유주의가 지배적 이념으로 자리잡힌 사회에서 이 특정한 종교적 입장은, 자신들이 변함없이 유지하는 임신 중절에 대해 숙고된 자율적 반대의 입

---

22) 바이든 미 대통령이 텍사스주의 낙태 금지법 시행에 던진 우려는 이러한 점을 잘 드러낸다. 바이든은 낙태 금지법의 실행이 소송을 통해 개인의 자유를 침해할 수 있는 일종의 자경단 체계(vigilante system)를 만들어낼 수 있다는 점에서 "비미국적(un-American)"이라 비판했다. 그의 비판은 여성이 자신의 신체에 대한 자율적 판단을 내릴 수 있는 법적 권리(낙태의 자유)를 보장해주어야 한다고 판결한 1973년 로(Roe) 대 웨이드(Wade) 미연방대법원 재판의 정신을 담고 있는 것이라 할 것이다. 연합뉴스, 「바이든, 텍사스 낙태 금지법 연일 비난... "터무니없고 비미국적"」, 연합뉴스, 2021.09.04; Kate Sullivan, "Biden says Texas' anti-abortion law is 'almost un-American' and 'sort of creates a vigilante system'", CNN politics, 2021. 09.03.

장을 충분히 실현하지 못한다. 여기에서 충분하지 못하다는 것은 그러한 숙고된 자율적 반대의 이유를 제공하는 특정한 종교의 교리의 관점을 기준으로 할 때 그렇다는 것이다. 특정한 종교적 기준에 의하면 임신 중절은 전혀 허용될 수 없기에, 그들의 기준에서 충분함의 완성이란 임신 중절이 사회 전반에서 완전히 금지되는 것이다. 하지만, 그러한 범위의 임신 중절 금지가 자유주의적 사회 안에서 실천되는 것을 상상하기란 쉽지 않다. 따라서 특정한 종교적 관점에서 임신 중절에 대한 숙고된 자율적 반대를 유지하는 이들은, 그들의 명백한 반대와 무관하게 여성의 자기 선택권을 중요하게 여기는 이들의 존재를 허용하고 받아들여야만 한다. 그들이 할 수 있는 것은 자신들의 숙고된 자율적 반대의 입장을 끊임없이 공공의 영역에서 선전하는 것과 종교적 믿음을 공유하는 이들과의 공동체 안에서 그 반대를 실천하는 것뿐이다.

하지만, 이러한 형태의 유사−의존적 반대가 반드시 행위 주체의 의사와 무관하게 받아들여지리라 생각할 필요는 없다. 예를 들어, 특정한 성적 지향에 대한 명백하고 지속적인 반대의 입장을 택하고 있는 사람이 사회정치적 맥락, 혹은 문화적 맥락에서 형성된 특정한 성적 지향에 대한 관용의 논거를 숙고하여 받아들이는 것을 상상하는 것은 어려운 일이 아니다. 특정한 종교에 대한 강력한 반대의 태도를 억제하도록 요구하는 외적 요인으로서의 정치, 사회, 문화적 관용의 요청은, 강력한 반대의 태도를 유지하는 판단 주체의 자발적이고 숙고된 판단에 의해 수용될 수 있다. 예를 들어, 자유주의적 가치로 널리 이해되는 관용이라는 덕은, 반자유주의적은 아닐지라도 비자유주의적인 다양한 전통적 선관 혹은 가치관을 삶의 기준으로 삼고 있는 이들에게 그 가치를 평가받을 수 있다. 그 결과, 전통적인 선관 혹은 가치관을 따르는 이들은 다원화된 사회의 통치 전략으로서의 관용이라는 덕의 효용을 평가하고 충실히 이용할 수 있다.23)

하지만, 이러한 유사-관용은 하나의 행위로서의 안정성을 유지할 수 없다. 이는 숙고된 자율적 반대를 형성한 내적 요인(특정한 종교, 철학, 문화적 관점)과 유사-의존적 반대를 형성한 외적 요인이 서로 구분되고 경쟁하며 충돌한다는 사실에 기인한다. 이 경우, 내적 요인의 결과인 숙고된 자율적 반대와 외적 요인으로부터 이끌어진 유사-의존적 반대 중 어디에 우선성을 부여해야 하는지의 문제는 결국은 힘겨루기의 문제이다. 이 힘겨루기

---

23) 윌리암스는 이를 충돌하는 다원적 가치의 세계에의 관용의 정치적 효용이라고 주장한다. Williams, Bernard, "Toleration: An Impossible Virtue?", *Toleration: An Elusive Virtue*, New Jersey: Princeton Univ. Press, 1996, p. 18. 또한 관용을 하나의 권력 담론으로 이해하여 그 정치적 효용을 매우 강력하게 주장한 웬디 브라운의 입장은 바로 이러한 경우를 잘 설명한다고 할 것이다. 웬디 브라운, 이승철 옮김, 『관용: 다문화제국의 새로운 통치전략』, 갈무리, 2013.

의 결과에 따라 유사-관용은 표면적으로나마 관용적으로 보이는 결과를 만들어 낼 수도 있지만, 아닐 수도 있다. 그 계기가 무엇이든 간에, 내적 요인이 외적 요인을 압도하면 유사-관용과 관용의 유사성은 사라지고, 더욱 강력해진 숙고된 자율적 반대만이 남는다. 2020년, 조지 플로이드의 사망과 함께 미국을 뒤흔든 "흑인의 생명은 소중하다(Black Lives Matter)"라는 구호는 흑인에 대한 인종적 차별이 아직도 미국 사회에 그토록 강하게 남아 있다는 사실을 전 세계에 알렸고, 이에 많은 이들을 놀라게 하였다. 이 놀라움은 2020년 미국에서 흑인의 삶과 목숨이 차별적으로 가치평가 되어서는 안 된다는 주장(유사-의존적 반대)이 백인의 생명과 재산을 우선하여 보호하고자 하는 인종적 선호성(숙고된 자율적 반대)에 의해 압도되었다는 사실에 기인한다. 노예 해방이 선언된 1863년부터 오랜 시간 지속하여온 인종차별철폐의 노력은 미국 사회에 존재하는 약화하지 않고 단지 억제된 백인 우선주의적 사고를 제거하지 못했다. 모든 인종을 동등해 대하는 것을 반대하는 인종주의적 주장들은 자신의 기준에서는 외적 요인인 유사-의존적 반대와 1863년 이래 충돌해 오며 점차 사라진 듯 보이지만, 실상은 약화하지 않고 억제되며 유지된 것으로 보인다. "흑인의 생명은 소중하다"라는 구호를 끌어낸 사태로부터 발견한 놀라움은, 이러한 약화하지 않고 억제/배제되어 온 야만성이 미국 사회 안에서 오랫동안 지속하여왔다는 것을 발견했다는 사실로부터 비롯된다.

외적 요인과 내적 요인 간의 긴장과 갈등을 해소하는 방법의 하나는 외적 요인이 숙고된 자율적 반대를 형성하는 판단 주체의 내적 요인으로 포섭되는 것이다. 이 경우, 유사−의존적 반대는 더는 유사−의존적 반대가 아닌, 진정한 의존적 반대로 전환된다. 외적 요인으로 발생하는 유사−관용의 행위가 하나의 통일된 내적 요인 안에서 정합성을 확보하게 되었기 때문이다. 하지만, 유사−의존적 반대의 판단을 가능하게 만드는 외적 요인의 내용인 특정한 종교, 철학, 문화적 관점을 판단 주체의 내적 요인을 구성하는 또 다른 특정한 관점 안으로 포섭하는 일은 쉽지 않은 일임이 명백하며, 설사 가능하다 하더라도, 이를 바람직한 일이라 여기는 것은 지나치게 이상적이며 한편으로는 허황된 것이다. 임신 중절 반대와 이에 대한 유사−의존적 반대 간의 정합성을 추구하기 위해 충돌하고 경쟁하는 두 반대 중 하나의 입장에 다른 하나를 편입시키는 일이 가능하다 상상하기 쉽지 않으며, 설사 가능하다 하더라고 그것이 바람직한지는 의심스럽다 할 것이다. 따라서, 모색해야 것은 포섭이 아닌 다른 방법이다. 즉, 포섭 외의 어떤 방법으로 숙고된 자율적 반대와 유사−의존적 반대와의 정합성을 유지할 수 있는지를 물어야 한다는 것이다.

  필자가 제시하는 정합성 유지의 방법은 다음과 같다. 숙고된 자율적 반대와 유사—의존적 반대가 하나의 종교, 철학, 문화적 관점에서 도출될 때에 이 둘은 정합성을 유지할 수 있다. 즉, 숙고된 자율적 반대와 유사—의존적 반대가 하나로 포섭되는 것이 아니라 처음부터 이 둘이 하나의 종교, 철학, 문화적 근거에서 비롯될 경우, 이 둘의 정합성이 유지된다는 것이다. 이러한 주장에 따르면, 관용의 행위 주체가 무엇인가에 대한 명백한 반대의 의견을 가지게 만드는 바로 그 종교적, 철학적, 문화적 관점이 이를 폭력적인 방식으로 실현하는 것을 반대하는 이유 또한 제시할 때, 유사—관용이 아닌 진정한 의미의 관용이 실천되게 된다. 즉, 진정으로 관용하는 행위는 니콜슨과 홀튼이 말한, "승인받지 못한 것", 혹은 킹이 말한 "진정으로 동의하지 않는 것", 콜슨이 말한 "반대하는 것"의 근거와 다시 니콜슨과 홀튼, 그리고 콜슨이 말한 "간섭의 활동을 하지 않기로 숙고된 판단을 하는 것"과 킹이 말한 "참고 인내하며, 괴로워하는 것"의 근거가 동일하게 될 경우에 실현된다는 것이다. 이러한 필자의 주장에 의하면, 이슬람 신자가 기독교인들을 진정으로 관용한다고 했을 때, 기독교인에 대한 반대의 입장을 형성하게끔 하는 근거와 기독교인들에 대한 박해, 탄압, 추방, 살인을 금지하게끔 하는 관용적 반대의 근거는 모두 이슬람의 교리로부터 도출되어야 한다. 또한, 이 두 가지 종류의 반대 중, 어느 것에 우선성을 부여하는가를 판단하는 기준의 역할을 수행하는 것 또한 이슬람 교리여야한다. 앞에서 살펴본 '가라지의 우화'와 도나투스주의자들의 이야기 또한 필자의 주장에 의해 설명된다. 기독교의 신이 뿌린좋은 씨앗과 악마의 작품인 가라지에 대한 선함과 악함의 판단근거는 기독교의 교리가 제공한다. 하지만, 동시에 가라지에 대한 격리, 추방, 제거의 행위를 금지하는 것 또한 기독교의 교리이다. 기독교의 교리는 통일된 내적 요인을 근거로 가라지에 대한의존적 반대에 우선성을 부여한다. 특정한 정치관에 대해 관용을 실천한다는 것도 같은 기제를 가진다. 용인하기 어려운 정치관에 대한 관용의 행위가 완전히 실현되기 위해서는, 그 특정한정치관을 용인하기 어렵게 만드는 내적 요인이 관용의 대상인정치관을 가진 이들을 구속하며, 살해해서는 안 되는 이유 또한제공해야 한다. 자신이 특정한 정치관을 관용해야 하는 이유를외재적 요인, 즉 자신이 믿고 있지 않은 정치관에서 찾을 수 있다고 생각하는 것은 현실적이지 않은 일이다.

지금까지의 논의를 정리하면 다음과 같다. 필자는 이 글을 통해 다음과 같은 물음에 답하고자 하였다. 첫째, 다양한 근거에서실천되는 관용을 모두 관용이라 부를 수 있는 근거는 무엇인가?

둘째, 각기 다른 동기로 실천된 관용의 행위에서 공통으로 발견할 수 있는 관용의 특성은 존재하는가? 존재한다면 무엇인가? 필자는 두 번째 물음에 대한 답을 통해 첫 번째 물음에 답하고자 하였다. 관용의 행위 안에는 두 가지 종류의 반대가 존재한다. 하나는 행위자의 숙고된 자율적 반대이며, 나머지 하나는 이에 대한 의존적 반대이다. 더불어 관용이 실천되기 위해 이 두 가지 반대가 어떻게 서로 작동해야 하는지를 살펴보았다. 결과적으로 이 두 반대가 한 행위 안에서 정합성을 유지하면서 안정적으로 유지되기 위해서는 이 둘이 통일된 종교적, 철학적, 문화적 관점들에서 도출되어야 함을 보였다. 필자의 주장은 이러한 조건 안에서만 관용의 실천적 계기가 마련된다는 것이다.

6. 나가며: 관용 연구의 방향에 대한 제언

필자의 주장이 담고 있는 바는 다음과 같다. 관용의 실천을 가능케 하는 하나의 보편적인 근거는 존재하지 않는다. 본문에서 살펴본 어거스틴의 예는 특정한 형태의 종교적 관용을 가능케 하는 단일하며 독립적인 하나의 포괄적 종교관이지만, 관용의 근거를 제공해주는 유일한 종교관은 아니다. 이와 동일한 결과를 이끄는 비기독교적 관점을 찾아내는 것은 그리 어렵지 않다. 우리는 불교적 관점에서의 관용의 근거, 즉 두 가지 반대의 동기를 동시에 제공해줄 수 있는 불교적 근거, 혹은 동일한 기능을 수행하는 이슬람적 근거에 대한 주장들을 쉽게 찾을 수 있다. 도가주의적 관점에서 정립되는 관용의 실천 기반을 연구한 결과는 꾸준히 제출되고 있으며, 회의주의적 관점에서 관용의 정당화의 기반을 모색하는 연구 또한 오랫동안 이루어졌다. 필자가 주장하고자 하는 것은 특정한 하나의 관점이 보편적인 관용의 근거를 제공해줄 수 있다는 주장을 경계해야 한다는 것이다. 어떠한 이론체계가 관용적이라는 가치평가는 그 이론체계가 두 가지 반대의 근거를 동시에 제공해줄 수 있는가에 달려 있다.

따라서 관용의 연구는 두 가지 점에 유의해야 한다고 필자는 믿는다. 첫째, 관용에 관한 연구의 목표를 관용의 근거를 제시하는 유일한 이론적 근거에 관한 탐구로 한정하는 것은 바람직하지 못하다. 관용에 관한 연구의 오래된 전통은 관용을 자유주의의 산물이라 이해하는 것이었다. 따라서 상당한 양의 관용에 관한 연구는 자유주의라는 특정한 사상체계의 전망 안에서 이루어졌고, 자유주의는 마치 관용에 대한 유일한 이론적 근거인 것처럼 인식되어 왔다. 하지만, 관용이란 받아들일 수 없는 차이[24]를 인식하는 과정에서 인간이 취할 수 있는 여러 가지 선택지 중 하나일 뿐이다. 인류가 차이라는 것을 인식한 것의 시작점 어디엔가 관용적 태도 또한 존재했으리라고 필자는 믿는다. 따라서 자유주의는 관용을 설명하는 매우 유용한 입장인 것은 사실이지만, 관용을 자유주의의 발명품이라고 인식하는 것은 관용에 대한 잘못된 이해이다. 관용은 자유주의보다 훨씬 오래되었기 때문이다.[25] 따라서 관용에 관한 연구는 좀 더 다채로운 기반에서 이루어져야 한다고 생각한다. 앞으로의 관용에 관한 연구는 유교적 전통을 포함한 다양한 동양의 이론체계 안에서도 이루어져야 할 것이다. 어쩌면 다양한 신념 및 이념체계 모두가 관용의 시험(두 가지 반대의 근거를 동시에 제공해줄 수 있는지에 대한 시험)을 통해 스스로가 관용적 이념체계인지를 확인해보아야 할지도 모른다. 이 시험은 특정한 신념 및 이념체계가 다원적 이념체계의 공존이라는 대명제에 포함될 수 있는 합당한 구성원인지를 확인하는 기회를 제공한다. 탈레반이 여성들에게 관용적인 태도를 취하겠다고 공언하기 위해서는 자신들이 유지하고 있는 종교의 교리가 관용 행위 안에 존재하는 반대들의 정합성을 유지한

---

24) 맨더스는 차이를 가능케 하는 다원성과 관용의 대상에 대한 반대를 관용의 환경 (circumstance of toleration)이라고 부른다. 그리고 맨더스가 언급하였듯이, 이러한 관용의 환경은 자유주의의 시작보다 오래된 것이다. Mendus, Susan, *Toleration and the Limits of Liberalism*, London: Macmillan, 1989, p. 3, p. 8.

25) 폴스트는 이러한 점을 명확히 지적하고 있다. Forst, Rainer, *Toleration in Conflict*, Cambridge: Cambridge University Press, 2013, p. 171.

체, 이를 실행할 수 있는 여력이 있는지를 스스로 돌아봐야 한다. 필자는 이슬람의 정신은 충분히 그 근거를 확보하고 있다고 믿는다. 문제는 탈레반이 이를 돌아볼 수 있느냐일 것이다. 둘째, 다채로운 기반 안에서 이루어지는 관용 연구가 참조할 관용의 형식적 구조에 관한 연구가 충분히 이뤄져야 한다. 관용을 가능케 하는 보편적인 하나의 선관 및 가치관은 상상하기란 어렵지만, 이미 실천된 관용은 필자의 글에 실린 연구가 드러내고자 했던 두 개의 반대의 상호작용 안에서만 작동된다는 특성을 공유하고 있다. 이러한 관용의 특성에 대한 합의된 이해가 확보한 후에야 다원적 가치관 위에서 도출된 실천적 관용의 모델이 각각의 가치를 온전히 인정받을 수 있을 것이다. 오랫동안 이러한 검증의 기준을 제공한 것은 자유주의적 관용의 모델이었다. 이 글에 실린 연구가 이러한 종속성을 탈피할 계기가 되길 바란다.

참 고 문 헌

김종일, 「오스만제국 내 기독교인에 관한 정책 연구」, 『한국중동학회논총』 40(1), 한국중동학회, 2019, 75~97쪽.

아우구스티누스, 추인애 역, 『신국론』, 동서문화사, 2014

이현준, 「아우구스티누스와 도나투스주의의 교회일치와 국과 관계론 연구」, 『신학연구』 65, 한신대학교 한신신학연구소, 2014, 161~194쪽.

웬디 브라운, 이승철 옮김, 『관용: 다문화제국의 새로운 통치전략』, 갈무리, 2013.

연합뉴스, 「바이든, 텍사스 낙태금지법 연일 비난... "터무니 없고 비미국적"」, 연합뉴스, 2021.09.04(https://vo.la/WHHvx).

존 롤즈, 황경식 옮김, 『정의론』, 이학사, 2003.

Augustine, *Selected Letters*, Jame Houston Baxter and B.D., D. Litt., Cambridge: Harvard University Press, 1952.

Colson, Cooper, *Against the Night: Living in the New Dark Ages*, Ann Arbor: Vine Press, 1989.

Forst, Rainer, *Toleration in Conflict*, Cambridge: Cambrige University Press, 2013.

Horton, John and Nicholson, Peter, "Philosophy and the practice of toleration", *Toleration: Philosophy and Practice, John Horton and Peter Nicholson*, Vermont: Ashgate Publishing Company, 1992.

Kaplan, J, Benhamin, *Divided by Faith: Religious Conflict and the Practice of Toleration in Early Modern Europe*, Cambridge: Harvard Univ. Press, 2007.

Kate Sullivan, "Biden says Texas' anti-abortion law is 'almost un-American' and 'sort of creates a vigilante system'", CNN politics, 2021.9.3.

King, Preston, *Toleration*, second edition, London: Frank Cass, 1998.

Locke, John, *A Letter Concerning Toleration*, London: Yale University Press, 2003.

Mendus, Susan, *Toleration and the Limits of Liberalism*, London: Macmillan, 1989.

Peter Beaumont, "Taliban seek no 'revenge' and all Afghans will be 'forgiven'", The Guardian, 2021.08.17.

Rohr, John, "Religious Toleration in St. Augustine", *Journal of Church and State*, Vol. 9, No. 1(Winter, 1967).

Sammy Westfall & Claire Parker, "Taliban says it will be more tolerant toward women. Some fear otherwise", The Washigton Post, 2021. 08.17.

Sune Engel Rasmussen & Ehsanullah Amiri, "Taliban's Promises of Tolerance in Afghanistan Often Don't Match Reality", The Wall Street Journal, 2021.09.01.

Williams, Bernard, "Toleration: An Impossible Virtue?", *Toleration: An Elusive Virtue*, New Jersey: Princeton Univ. Press, 1996.

용서와 관용의 비교분석을 통한 차이 연구[※]

박 준 웅

1. 들어가는 말

2021년 8월, 급작스럽게 이루어진 탈레반의 아프가니스탄 카불 점령은 많은 이들을 놀라게 했다. 준비도 없이 새로운 점령군을 맞이한 아프가니스탄 현지인들의 혼란과 카불 대탈출의 행렬을 전 세계는 우려의 눈으로 바라보았다. 세계의 관심이 자신에게 집중될 것을 아는 탈레반은 아프가니스탄을 떠나려 하는 현지인들에게 안전을 약속했다. 이 안전의 약속은 구체적인 행위로

※ 이 글은 2021년 10월, 『철학탐구』 제64집에 실린 「용서와 관용의 비교분석을 통한 차이 연구」를 부분적으로 수정한 글이다.

공언되었다. 즉, 탈레반은 나토(NATO)와 미국에 협력한 이들, 그리고 여성들에게 용서와 관용의 자세를 취하겠다 공언한 것이다. 그들은 자신들이 운영할 아프가니스탄에서는 "모두가 용서받을 것이다"[1]고 선언하였고, 여성 인권 탄압에 대한 국제사회의 우려와 관련하여서는 이슬람법이 허용하는 한 모든 여성의 권리는 보장받을 것이라는 관용의 태도를 약속했다.[2] 하지만, 국제사회를 구성하는 단체와 국가 중 이들의 선언을 신뢰하는 곳은 많지 않아 보인다. 계속되는 아프가니스탄의 혼란과 폭력은 자국민 또한 탈레반의 선언을 믿지 않고 있다는 것을 방증한다.

홍미로운 것은, 비록 많은 이의 신뢰를 얻지는 못하고 있다고는 하지만, 탈레반이 용서와 관용의 선포를 자신들이 다스릴 아프가니스탄의 기조로 우선하여 내세웠다는 것이다. 즉, 용서와 관용이 복수와 탄압을 대신한다는 것이다. 복수와 탄압은 정상적인 국가의 통치 문법이 아니다. 누구도 복수와 탄압이 만연하는 국가를 정상적인 국가라 보지 않는다. 무엇보다도 아프가니스탄이 정상적인 국가로 통치된다는 국제사회의 인정이 필요한 탈레반[3]은 복수와 탄압의 대척점에 용서와 관용 내세운 것이다.

---

1) Peter Beaumont, "Taliban seek no 'revenge' and all Afghans will be 'forgiven'", The Guardian, 2021.08.17.

2) Sammy Westfall & Claire Parker, "Taliban says it will be more tolerant toward women. Some fear otherwise", The Washigton Post, 2021.08.17.

하지만, 여기에서 말하는 용서와 관용은 무엇인가? 이 둘은 어떠한 관계를 맺는가? 용서와 관용은 국제사회의 건강한 구성원으로서 국가가 지향해야 할 특정한 가치인 것처럼 여겨지며, 이 둘을 같이 엮어 말하는 것 또한 부자연스레 들리지 않는다. 오히려 이 둘은 아름다운 화음을 이루는 것처럼 들린다. 2014년, 프란치스코 교황은 청와대 연설에서 우리는 "용서와 관용과 협력을 통해야 (……) 불의를 극복"해야 한다고 역설했다.4) 프란치스코 교황은 불의의 극복이라는 목적을 이루는 수단으로 용서와 관용을 묶어 사용해야 한다고 주장하는 것으로 보인다. 이러한 수사법은 흔히 발견된다. 용서를 주저하는 이에게 주어지는 다음과 같은 충고는 일상적이다. "원한을 버려라. 해를 입은 일에 빠져 있지 말고 다음으로 나아가라. 관용을 베풀고 과거를 뒤로 하라. 그러면 화해와 평화가 나타날 것이다."5) 하지만, 이 둘은 과연 같이 사용할 수 있은 행위인가? 탈레반은 자신들의 관점에서 멀어져 있던 아프가니스탄 현지인들을 관용하고 용서할 수 있는가? 다시 말해, 우리는 특정한 대상에 관한 부정적인 태도(증

---

3) 한국일보, 「아프간 테러 위험 '실질적 위협'인가… "정상국가 원하는 탈레반, 테러 통제할 것"」, 한국일보, 2021.08.26(https://lrl.kr/ngYL).

4) 대한민국 정책브리핑, 「교황 "평화는 정의의 결과…관용과 협력으로 불의 극복"」 (https://www.korea.kr/news/policyNewsView.do?newsId=148782611).

5) 이브 개러드·데이브드 맥노튼, 박유진 옮김, 『용서란 무엇인가』, 파이카, 2013, 32쪽.

오, 원망, 반대)를 용서와 관용의 자세로 극복하고 미래로 나아갈
수 있는가?

용서와 관용은 철학을 포함한 다양한 분야에서 활발히 연구되
는 주제이다. 하지만, 이 둘의 관계에 관한 연구를 찾기는 쉽지
않다. 이 글은 용서와 관용의 개념 분석을 통해 이 둘의 관계에
대한 분석을 시도한다. 이 글에서 가정하는 용서와 관용의 관계
는 다음의 네 가지 가짓수로 요약된다. 첫째, 용서와 관용은 같은
행위이다. 이 해석에 따르자면, 무엇인가를 관용한다는 것은 그
대상을 용서한다는 것을 뜻한다. 이에 따르면, 미국과 나토에
협력한 이들을 용서한다는 말은 그들을 관용한다는 것과 같은
것이며, 여성의 권리 주장을 관용한다는 것은 권리 주장을 용서
한다는 것과 같은 것이다. 둘째, 관용은 용서의 인과적 원인이다.
이 가정에 따르면, 특정한 대상에 대한 관용적인 태도는 그 대상
에 대한 용서를 도출한다. 예를 들어, 교육과 사회참여 등에 대한
다양한 여성의 권리 주장을 관용하겠다는 탈레반의 주장은 결과
적으로 탈레반 통치 이전에 여성의 권리를 누렸던 여성들의 삶
에 대한 용서로 이어진다는 것이다. 셋째, 용서는 관용의 인과적
원인이다. 무엇인가를 용서하는 행위는 결과적으로 그 대상에
대한 관용을 이끈다. 이러한 해석에 따르면 탈레반이 미국과 나
토를 도운 이들의 행위를 용서하는 것은 그들이 행했던 반탈레

반 행위에 관한 관용적 자세를 도출한다. 넷째, 용서와 관용은 독립적인 가치이다. 이 주장에 따르면 관용과 용서는 아무런 인과적 관계를 형성하지 않는다. 탈레반이 누군가를 용서한다는 것은 그들을 관용한다는 것이 아니다. 또한, 탈레반이 여성의 권리 주장을 관용한다는 것은 그들의 이전의 행위를 용서한다는 것이 아니다.

이 글에서 필자가 옹호하고자 하는 관점은 마지막 해석이다. 필자는 용서와 관용은 독립적인 행위이며, 동시에 같이 실천되리라 희망할 수 있는 행위 또한 아니라고 주장한다. 이는 이 둘이 같은 대상에 관해서 양립 불가하다는 사실에 기인한다. 다시 말해, 무엇인가를 용서한다는 것은 그 대상을 관용하지 않는다는 것을 뜻하고, 그 반대로 무엇인가를 관용한다는 것은 그 대상을 용서하지 않는다는 것을 뜻한다는 것이다. 이를 논증하기 위해 필자는 다음과 같은 순서로 글을 구성할 것이다. 2장에서 필자는 용서의 개념 분석을 통해 용서의 여섯 가지 특성을 드러낼 것이다. 3장에서는 관용의 개념 분석을 통해 용서와 짝을 이루는 관용의 여섯 가지 특성을 제시할 것이다. 4장에서는 이 둘의 비교 분석을 시도할 것이며, 그 결과로 용서와 관용의 관계에 대한 여러 가정 중, 용서와 관용이 서로 독립된 행위이며, 같은 대상에 동시에 실현될 수 없는 행위라는 것이 밝혀진다고 주장할 것이다. 논의를 마무리하는 마지막 장에서는 용서와 관련되어 추가하여 고려해볼 기독교적 관점에서의 용서의 개념을 간략하게 살펴볼 것이다.

2. 용서

관용과 용서의 비교분석을 위해 필자는 용서와 관용의 개념을 차례대로 분석하고자 한다. 이를 통해 용서와 관용의 실천이 전제하고 있는 다양한 속성들이 드러날 것이다. 2장을 통해 제시될 용서의 개념 분석은 다음과 같은 용서의 속성을 드러낼 것이다. 첫째, 용서의 행위는 용서를 실천하는 자에게 묵과할 수 없는 명백한 형태의 피해를 입혔다는 것을 뜻한다. 둘째, 용서는 용서하는 주체의 피해에 대한 명확한 인식을 전제로 한다. 셋째, 용서의 목표는 분명하게 인식된 묵과할 수 없는 명백한 피해에 대한 분노와 증오를 극복하는 것이다. 넷째, 용서는 대인적 맥락(interpersonal context)에서 실현되는 행위이다. 다섯째, 용서는 반복될 수 없는 행위이다. 여섯째, 용서를 가능하게 하는 근거들은 다양하다.

1) 묵과할 수 없는 피해

누군가를 용서한다는 행위의 조건 중 논리적으로 선행하는 조건은 피해가 존재함이다.6) 피해가 존재한다는 사실 자체가 용서를 필연적으로 도출하는 것은 물론 아니다. 피해에 관해 즉각적이고 정의롭다 여겨질 해법은 용서가 아니라 처벌이다. 케팔로스가 플라톤에게 올바름을 남에게 받은 것을 갚는 것이라고 하듯이7) 처벌은 받은 피해를 되돌려준다는 점에서 정의롭고 공평한 처신이라 할 수 있다. 받은 피해를 갚지 않고 용서하는 행위는 오히려 매우 이례적이고 드문 일이다. 하지만, 그 이유가 무엇이 되었건 실천된 용서는 피해를 필수 불가결하게 전제한다는 사실을 부정할 방법은 없다. 여기에서 말하는 피해의 종류는 다양하다. 피해는 신체 및 재산에 손상을 가하는 것뿐만 아니라, 누군가의 명예를 모욕하는 것, 혹은 그가 유지하고 있는 도덕적, 종교적 신념을 멸시, 박해하는 것까지도 포함한다. 용서하는 자는 누군가가 자신에게 행한 재산상의 피해를 용서할 수 있고, 혹은 누군가로부터 가해진 생명과 신체에 대한 피해를 용서해줄

---

6) Downi, R. S., "Forgiveness", *The Philosophical Quarterly* (1950~), Vol. 15, No. 59, Moral Philosophy number (Apr, 1965), pp. 128.

7) 플라톤, 박종현 옮김, 『국가』, 서광사, 2001, 63쪽.

수 있다. 또한, 자신이 믿는 종교적 신념 혹은 도덕적 삶의 방식과 그 실천에 대한 혐오와 조롱, 모욕을 용서해줄 수 있다.

하지만, 모든 종류의 피해가 용서가 실현되기 위한 충분한 전제가 되지는 못한다. 피해는 그 정도에 따라 용서의 전제에서 제외될 수 있는데, 이는 어떤 피해의 경우 그 정도가 대수롭지 않은 것이어서 미처 용서의 대상이 되지 못하기 때문이다. 그렇다면, 대수롭지 않은 피해와 묵과할 수 없는 피해를 계산하는 기준은 무엇인가? 용서와 관련하여, 피해의 정도를 계산하는 객관적인 척도는 그 존재 여부를 떠나 중요하지 않는데, 이는 용서에서 중요한 것은 피해자가 피해를 평가하는 주관적 기준이기 때문이다. 피해자가 자신이 받은 피해를 대수롭지 않은 것으로 여긴다면 용서는 애초에 실천될 수 없다. 이와 달리, 무시하여 지나칠 수 없는 피해는 피해자에게 용서라는 선택의 가능성을 비로소 제공한다. 이러한 점에서, 용서는 역설적이게도 쉽게 용서될 수 없는 정도의 피해, 즉 대수롭지 않게 묵과될 수 없는 명백한 피해를 전제한다.[8] 용서란 피해자의 재산, 신체, 생명,

---

8) 용서할 수 없는 정도로 강력한 피해를 용서한다는 것의 역설은 관용의 역설과 유사하다. 관용의 역설이 주장하는 바는, 우리가 실천하는 관용이란 관용할 수 없는 대상을 관용하는 행위라는 것이다. 이에 대한 설명은 Williams, Bernard, "Toleration: An Impossible Virtue?"(*Toleration: an Elusive Virtue*, New Jersey: Princeton Univ. Press, 1996), p. 18쪽에서 찾을 수 있다. 벤바지와 헤이드 또한 용서와 관용의 역설적 성격을 지적한다. Benbaji, Hagit, Heyd, David, "The Charitable

명예, 종교적, 도덕적 신념 일반에 묵과할 수 없는 손상을 주는 피해를 요구한다는 것이다. 여기에서 피해란 법적인 용어로 사용될 수 있지만, 묵과할 수 없는 손상이 주는 피해란 법적 용어로서의 피해의 용례를 뛰어넘는 것이다.[9] 언급하였듯이, 묵과할 수 없는 손상을 주는 피해란 피해의 당사자에 따라 상대적으로 다르게 평가되기 때문이다. 누군가에게 특정한 피해는 피해라 부를 수 없을 정도로 사소한 것일 수 있고, 또 다른 누군가에게 그 피해는 피해자를 복구 불가의 상태로 내몰 수 있다. 따라서 용서와 관련하여 주목할 것은 피해 당사자가 자신이 판단하기에 도저히 묵과할 수 없을 정도의 피해를 보았다는 사실이다.[10] 탈레반이 교육받을 권리와 정치 참여의 권리를 누린 여성들을 용서한다면, 이는 여성들이 이러한 권리를 누렸다는 사실이 탈레반에게 주는 피해가 심대했다는 것을 함의한다. 다시 말해, 탈레

Perspective: Forgiveness and Toleration as Supererogatory", *Canadian Journal of Philosophy*, Vol. 31, No. 4 (Dec., 2001), p. 568.

9) 법적 용어로서의 피해의 범위는 광범위하다. 이는 가벼운 것에서부터 중대한 것까지를 모두 포괄한다고 할 것이다. 하지만 필자가 사용한 "묵과할 수 없는"이라는 표현은 그것이 평가 주체인 한 개인의 내적 기준에 의해 측정된다는 의미에서 단순한 법적 용어의 용례를 넘어선다는 것을 강조하기 위해 사용되었다.

10) 노비츠 또한 피해에 대한 강도의 문제에 주목한다. 그는 사소한 피해와 같은 것들은 쉽게 사면되거나(pardon) 용인(condone)되며, 원망(resentment)이나 불신(mistrust) 과 같은 강력한 심리적 반발로 발전하지 않는다는 점을 지적한다. 하지만, 그는 필자와는 달리 이러한 강도의 기준으로서의 피해자의 주관성에는 주목하지 않는 것으로 보인다. Novitz, David, "Forgiveness and Self-Respect", *Philosophy and Phenomenological Research*, Vol. 58, No. 2 (Jun., 1998), pp. 300~301.

반의 아프가니스탄 수복 이전에 아프가니스탄의 여성들이 누렸던 일련의 권리들이 탈레반에게는 묵과할 수 없는 손해를 입혔다는 것이다. 이로부터 야기되는 원망과 분노의 정의로움과 합리성과 무관하게, 그들이 주장할 법한 묵과할 수 없는 피해에 대한 외부로부터의 평가는 무의미하다. 그들은 적어도 자신의 기준에 의하여 피해를 평가할 권한을 가지고 있다. 하지만, 이는 탈레반이 그들의 종교적, 문화적 가치관을 포함하는 특정한 포괄적 관점이라는 내적 관점에서 피해를 산출했다는 사실, 그리고 이로부터 여성에 대한 용서의 시작점에 섰다는 것을 뜻할 뿐이다. 지적하였듯이, 모든 피해는 용서로 극복되지 않는다. 하지만, 탈레반이 자신들의 권리를 주장한 여성들과 미국과 나토에 협력한 이들에 대한 용서를 완성하기 위해서는 이러한 피해를 특정되어야 한다. 적어도 이러한 피해가 형성되어야만 용서는 실현의 가능성을 확보하게 된다.

2) 묵과할 수 없는 피해에 대한 분명한 인식

용서의 실천이 묵과할 수 없는 명백한 피해를 전제로 한다는 것을 시작으로, 용서의 실천에서 우리는 다음과 같은 사항 역시 발견할 수 있다. 용서는 묵과할 수 없는 명백한 피해에 대한 용서하는 이의 명확한 인식을 전제로 한다.11) 일반적인 예라고 하긴 어렵지만, 묵과할 수 없는 명백한 피해가 반드시 피해의 당사자에게 인식된다고 생각할 수는 없다. 우리는 부당한 처우 아래서 가장 기본적인 인권을 박탈당하면서도 자신이 처한 상황의 부당함을 온전히 인지하지 못하고 있는 경우를 어렵지 않게 찾을 수 있다. 아무리 부당한 경우라도, 스스로가 이 피해를 주관성으로서의 내적 평가의 기준에 의해 묵과할 수 없는 피해라고 인식하지 않는 한, 용서는 실천될 수 없다. 따라서 용서하는 자는 자신이 입은 피해를 스스로 인식하여 그것의 부당함을 주장하며 분노할 수 있는 능력을 갖춘 사람이어야 한다.12)

3) 용서의 목표

지금까지의 논의는 용서를 실천하는 사람의 입장으로 한정되어 있었다. 하지만, 용서는 용서를 실천하는 사람 독단으로 실천될 수 없다. 이를 확인하기 위해서 우리는 용서의 목표를 확인해

---

11) Kolnai, Aurel, "Ⅵ-Forgiveness", *Procedings of the Aristotelian Society*, Vol. 74, Issue 1(1 June 1974), p. 96.

12) 강남순은 용서라는 행위는 용서하는 사람의 분노, 즉 자신에게 벌어진 잘못된 일에 대한 분노를 요구한다는 점을 지적하고 하고 있다. 만약에 그러한 분노의 감정이 없다면, 용서의 필요조차도 없다는 것이다. 분노할 수 있는 능력은 그 분노의 대상에 대한 인식을 전제로 한다. 강남순, 『용서에 대하여』, 동녘, 2017, 72~73쪽.

보아야 한다. 용서의 궁극적인 목표는 묵과할 수 없는 명백한 피해로부터 생성되는 강력한 반감을 극복하는 것이다. 용서의 대상은 특정한 감정이며, 대상과 관련된 용서의 목표는 이러한 감정을 어떠한 형태로든 극복하는 것이다. 여기에서 극복이라는 단어가 포함하는 의미의 폭은 넓다. 용서(forgiveness)의 용도로 사용된 그리스어인 *sungnômê*는 무엇과 더불어 생각하는 것, 동의하는 것, 인정하는 것, 봐주는 것, 사면해주는 것을 뜻하고, 마태복음 6장 12절에 등장하는 "저희에게 잘못한 일을 저희도 용서하였듯이"라는 구절에서 사용되는 *aphiêmi*는 무죄선고, 풀어주는 것, 돌려보내는 것, 빚을 탕감해주는 것, 봐주는 것을 뜻한다.[13] 또한 기독교의 구약성경에 등장하는 용서와 같은 용도로 사용되는 단어인 *kipper*는 덮어두는 것을 뜻하고, *salach*는 석방한다는 뜻을 가지고 있다.[14] 이 용례들을 종합하여 살펴보며 주목할 것은 이들 중 어느 것도 피해의 복구를 뜻하지 않는다는 것을 발견할 수 있다. 무엇인가를 용서한다는 행위는, 피해자가 받은 묵과할 수 없는 피해를 x 한다는 문장을 충족시키는 다양한 술어 x들로 완성되지만, 이 중, 피해의 복구는 술어로 포함되지 않는

---

13) Griswold, L, Charles, *Forgiveness: A Philosophical Exploration*, New York: Cambridge Univ. Press, 2007, p. 3.

14) Murphy, Jeffrie, G & Hampton, Jean, *Forgiveness and Mercy*, Cambridge: Cambridge University Press, 1988, p. 37.

다. 즉, 묵과할 수 없는 피해는 용서가 실천되기 위한 조건이지만, 피해를 되돌려 처음의 상태로 복구하는 것은 용서의 목표가 아니라는 것이다. 복구 가능한 피해를 복구한다는 것은 피해자와 가해자 간에 성사되는 거래이며, 이 거래의 적절한 명칭은 배상이다. 피해자가 입은 피해를 복구하고 이와 동반된 심적 피해 역시 어떠한 형태로든 보상하는 행위는 배상이 지향하는 바이다. 하지만, 배상은 용서의 충분조건이 아니다. 용서의 궁극적인 목표가 피해자의 원망과 증오, 원한의 감정을 극복하는 것이라면, 배상이 이러한 감정들을 극복하게 만든다는 보장은 존재하지 않는다. 배상과 상관없이 가해자에 대한 원망과 비난은 여전히 남아 있을 수 있다. 더욱이 어떠한 종류의 피해는 복구할 수 없는 상흔을 남기어서 피해자의 삶을 피해 이전의 상태로 복원할 수 없게끔 만든다. 전쟁의 잔학함과 비참함의 제물이 되었던 피해자가 책임 있는 이들에 대한 용서 여부와 상관없이 돌이킬 수 없는 피해를 입는다. 잘려나간 수족은 다시 자라지 않고, 바닷속에 잠긴 아이들은 돌아오지 않는다. 훼손된 개인의 존엄은 끝내 상처로 남는다. 용서가 배상을 통해 이전 상태로의 회복을 목표로 한다면, 많은 경우 용서는 불가능한 행위로 남는다.

용서에 대한 연구에 널리 인용되는 죠셉 버틀러(Joseph Butler)의 용서에 대한 정의는 이러한 필자의 입장과 맥락을 같이한다.[15] 그는 용서를 "변명의 여지가 없으며 정당화될 수 없는 도덕적 해악을 입힌 자를 향해 자연스럽게 발생하는 분노와 증오를 확고히 극복하는 것"[16]이라 정의하는데, 이는 용서의 주체는 용서하는 자이고, 그 대상은 심리적인 분노, 혹은 증오라는 점을 잘 드러내고 있다. 용서의 목표가 묵과할 수 없는 명백한 피해에 대한 분노와 증오를 극복하는 것이라면, 용서란 궁극적으로 특정한 물질적 사건에 대한 회복과 보상이라기보단 용서의 주체가 경험하는 내적 감정의 치유를 의미한다. 그리고 이러한 개인의 내적 감정의 치유는 가해자의 적극적인 회개와 사과를 요구한다. 따라서 용서의 행위는 보상과 처벌이라는 맥락을 빗겨나가, 가해자의 회개와 사과를 통한 피해자의 내적 치유, 즉 묵과될 수 없는 피해로 인한 상처에서 야기되는 분노와 증오의 극복을 목표로 한다. 이러한 점에서 용서의 행위는 사건 간의 관계(inter-event) 안에서 실현되지 않고, 대인적 맥락(inter-personal context)[17]에서 실현된다.

---

15) 버틀러가 제시한 분노의 다양한 종류에 대한 설명은 신응철, 「용서(Forgiveness) 논쟁 다시 보기」, 『철학·사상·연구』 27, 동서사상연구소, 2018, 108~109쪽에 간략하게 제시되어 있다.

16) Butler, Joseph, *Fifteen Sermons*(London, 1726), Sermon VII, "upon Resentment", 그리고 Sermon IX, "Upon Forgiveness of Injuries". Murphy, Jeffrie, G & Hampton, Jean, *Forgiveness and Mercy*, Cambridge: Cambridge University Press, 1988, p. 15에서 재인용.

17) 대인적 맥락(inter-personal context)라는 명칭은 콜나이가 사용하였다. Kolnai, Aurel, "VI-Forgiveness", *Procedings of the Aristotelian Society*, Vol. 74, Issue 1(1 June

4) 대인적 맥락 안에서의 용서

용서가 사람과 사람 간의 맥락에서 실천된다는 것은 앞에서 살펴본 피해자의 피해에 대한 명백한 인식이 단지 피해자에게 한정된 것이 아니라 가해자에게도 적용되어야 한다는 것을 알려 준다. 살펴보았듯이, 용서하는 이는 자신이 입은 피해를 인식해야 한다. 더 나아가 용서가 사건 중심이 아닌 사람과 사람 간의 맥락 안에서 실천된다는 것을 받아들인다면, 피해에 대한 인식은 피해자에게만 한정되지 않는다. 가해자 또한 자신이 피해자에게 끼친 묵과할 수 없는 피해를 인식해야 한다. 가해자는 자신이 입힌 피해가 사소하거나 무시되어질 수 있는 피해가 아니라, 피해자가 받아들일 수 없을 만큼의 묵과할 수 없는 피해를 가했다는 것을 인식하는 동시에 이에 대한 책임을 이해하고 인정해야 한다. 이러한 피해자와 가해자의 상호 관계가 형성되었을 때만 용서는 고려의 대상이 될 수 있다.[18]

1974), p. 91 참고. 얀켈레비치 또한 용서는 피해를 받은 이가 피해를 준 이에게 은혜로이 보내는 선물과 같은 것이며, 진정한 용서란 사람과 사람 간의 관계 (personal relation with another person)에서만 실천될 수 있다는 점을 지적한다. Jankelevitch, Vladimir, *Forgiveness*, translated by Andrew Kelley, Chicago: University of Chicago Press, 2005, pp. 1~11, 서론 부분 참고.

18) 용서라는 행위가 피해자와 가해자 간의 상호 관계 형성을 요구한다는 논자의 주장에 반대하는 해석 또한 존재한다. 그 예로 데리다의 용서 개념을 들 수 있다. 데리다에 의하면 논자가 제시한 개인과 개인 간의 대인적 맥락은 용서가 실천되는 유일한

따라서, 탈레반이 아프가니스탄의 여성들이 누렸던 일련의 권리행사를 용서한다는 것은, 용서의 대상인 여성들이 자신을 가해자로 인식해야 함을 전제로 한다. 묵과할 수 없는 명백한 피해의 당사자인 탈레반이 피해를 인식하고, 탈레반의 소중한 율법에 해를 입힌 일군의 여성들이 자신들이 가해자임을 인식하고 반성할 때, 탈레반이 말하는 용서는 적어도 그 가능성을 확보한다. 하지만, 탈레반이 호기롭게 공언한 여성에 대한 용서가 실현되는 조건이 용서의 관계망 안으로 아프가니스탄 여성들이 자발

조건이 아니다. 그는 두 가지 형태의 용서가 있다고 주장하는데, 하나는 조건적 용서라고도 불리는 일반적인 용서이고, 다른 하나는 무조건적 용서라고 불리는 순수한 용서이다. 데리다에 의하면, 필자가 이 글에서 제시한 가해자의 참회 및 반성과 함께 이루어지는 피해자와의 상호 관계는 일반적인 용서의 조건이자 교환의 조건적 논리이다. 하지만, 그가 순수한 용서라 부르는 용서는 교환의 행위와는 상관없는 무조건적으로 실천되는 용서이다. 그에 의하면 조건적 용서에서 교환되는 것은 용서와 참회이다. 가해자는 자신의 죄를 지불하고 그 댓가로 용서를 얻게 된다는 것이다. 하지만, 데리다는 용서란 오직 용서할 수 없는 것만을 용서할 수 있다고 이해한다. 용서할 수 없는 것은 문자 그대로 용서할 수 없는 것이며 거래의 대상이 아니다. 따라서 용서할 수 없는 것을 용서해야 하는 용서라는 행위는 데리다의 표현대로 오직 불가능성으로 자신을 알린다. 언제든 발생할 수 있는 교환 거래의 일종으로서의 용서는 오직 불가능성으로만 자신을 알릴 수 있는 용서와 비교하면 너무 쉬운 일인 것이다. 아렌트와 얀켈레비치의 용서에 대한 설명을 자신의 것과 비교하며 데리다는 자신이 제시하는 무조건적 용서가, 용서가 지향하는 특정한 이상향이라고 주장한다. 이러한 데리다의 입장을 분석하고 대처하는 작업은 본 논문의 범위를 벗어나는 일이다. 논자는 그 대신 불가능성으로만 자신을 드러낼 수 있는 무조건적 용서보다는 일상적으로 생활 안에서 우리가 실천하는 용서의 개념에 주목하고 집중하고자 한다. 논자는 설사 그것이 데리다가 말한 조건적인 참회와 용서의 교환적 거래이며, 무조건적 용서의 이상을 담아내지 못한 것이라 할지라도, 조건적 용서의 제한성에 집중하여 이 글을 진행하고자 한다. 자크 데리다, 신정아·최용호 옮김, 『신앙과 지식』, 아카넷, 2016, 215~263쪽.

적으로 참여해야 한다는 것, 다시 말해 여성이 자신이 누리지 말았어야 할 권리를 누렸다는 죄의 고백이 필요하다는 것은 탈레반의 용서에 대한 공언이 시작부터 얼마나 비현실적이며, 결과적으로는 좌초될 수밖에 없다는 것을 여실히 드러낸다.

5) 용서의 일회성

또한, 지금까지의 논의를 통해 용서가 반복적으로 실천되는 것을 상상하기란 어렵다는 사실을 확인할 수 있다.[19] 용서는 가해자와 피해자가 나누는 일종의 대화이다. 피해자는 자신의 피해를 명백히 인지한 상황에서 자신이 가한 피해를 명확히 인지하고 있는 가해자와 특정한 맥락을 형성하며, 그 결과 자신의 상처를 극복할 계기를 만든다. 결국, 용서는 특정한 대화의 과정이 마침내 도달하는 결과이다. 하지만, 한번 실천된 용서와 연관하여 같은 피해자에게 같은 가해자가 예전에 끼쳤던 피해를 반복하여 가한다는 것은, 이미 실천된 용서가 사실은 정당한 과정으로 구성되지 않았다는 것, 즉 부실하게 건축되었다는 것을 뜻한다. 따라서, 다시금 가해진 피해를 용서한다는 것은, 예전에

---

19) 기독교적 용서의 개념은 무조건적 반복을 주장한다. 이에 대한 간략한 설명은 본 논문의 결론 부분에서 제시된다.

실천된 용서가 진정한 용서가 아니었음을 인정하는 것이며, 동시에 새로운 용서가 실천되었다는 것을 뜻한다.

누군가로부터 공개적인 모욕을 당한 것에 관한 용서를 가정해보자. 모욕을 당한 사람이 모욕을 가한 이를 용서하기 위해 거쳐야 할 과정은 앞서 다루었듯이, 모욕당한 사람이 느끼는 모멸감과 모욕을 가한 이가 자신의 잘못을 인정했음을 확인하는 것이다. 용서란 적어도 이 둘의 확인과 교환을 요구한다. 모욕을 당한 이는 자신이 모욕을 당했다는 사실, 그로부터 모멸감과 분노를 느꼈다는 사실을 드러내고, 모욕을 가한 이는 자신의 잘못에 대한 인식과 반성을 내놓아야 한다. 그리고 이를 서로 교환하여 용서라는 다음 단계로 나아갈 수 있는 계기를 마련해야 한다. 하지만, 공개적인 모욕에 대한 용서가 이루어진 후, 똑같은 공개적인 모욕이 다시 발생했다고 생각해보자. 피해자는 이전에 구성되었던 용서의 과정의 한 축을 담당했던 가해자가 제시한 반성의 진정성을 의심할 수밖에 없다. 피해자는 이러한 의심과 함께, 이 둘(피해자가 받은 모욕과 가해자의 인식과 반성)이 구축했던 용서라는 상호 관계의 결과가 안정적이지 않으며 붕괴할 수밖에 없다는 것을 확인하고, 예전에 실천되었던 용서를 철회한다. 피해자가 공개적인 모욕을 다시 저지른 이를 용서하기로 한다고 해도 이는 같은 용서를 반복적으로 실천하는 것은 아니다. 왜냐하면, 예전의 용서는 이미 철회되었기 때문이다. 새로 실천된 공개적 모욕에 대한 용서는 이전에 실천된 용서의 반복이 아니다. 매번 실천되는 용서는 새롭게 시작된 대화의 결과이고, 과거의 용서는 과거에 단 한 번 실천되었던 용서이다.

6) 다원적인 용서의 근거

지금까지의 논의를 종합하면 용서는 다음과 같이 정의할 수 있다. 용서란 자신에게 가해진 묵과할 수 없는 명백한 피해를 분명하게 인식한 피해자가 그로 인해 발생한 분노와 증오의 감정을 가해자와의 대인적 맥락(interpersonal context) 안에서 극복하고자 선택한 행위이다. 하지만, 이러한 정의가 용서를 충분히 설명해주지는 못한다. 용서와 관련해 중요한 질문은 왜 가해자를 용서하는가이다. 하지만, 지금까지의 설명에는 용서의 동기에 관한 질문이 담겨 있지 않다. 우리는 피해자의 마음속에 자리 잡힌 가해자에 대한 원망과 증오, 분노의 감정을 어떠한 동기를 통해 극복할 수 있는가를 매우 중요하게 받아들여야 한다. 왜냐하면, 바로 그 동기를 통해서만 용서가 실천되기 때문이다. 하지만, 이 글에서 필자는 이러한 동기에 대한 논의를 진행하지는 않을 것이다. 이는 두 가지 이유에서이다. 첫째, 이 글의 목적은 관용과 용서의 비교 분석을 시도하는 작업을 수행함이다. 이를 위해 필자는 용서와 관용 간의 상호비교점에 주목하여 논의를 진행하고자 하며, 용서의 동기를 특정하는 것은 이 둘의 비교에 불필요하다. 둘째, 용서의 동기를 특정하는 것은 그 자체로 논쟁적이기도 하며, 동시에 이를 수행하는 것은 필자의 역량을 뛰어넘는 것이다. 그럼에도 불구하고, 다음과 같은 가능성을 지적하고자 한다. 용서를 가능하게 만드는 하나의 동기를 특정하는 것은 어쩌면 불가능한 일인데, 이는 용서의 동기가 애초에 다원적이기 때문이다. 용서가 실천되게끔 근거를 제공하는 특정한 동기들은 일반적으로 용서라는 특정한 행위뿐 아니라 다른 행위에 대한 근거 또한 제공한다. 즉, 용서를 실천하게 만드는 동기는 용서라는 행위를 포섭하는 좀 더 포괄적[20]인 관점의 형태로 존재한다는 것이다. 원수를 용서할 뿐 아니라 사랑하기까지 하라 명령하는 기독교의 관점은 용서를 포괄하는 좀 더 전체적인 조

---

20) 논자가 사용하는 포괄적(comprehensive)라는 단어의 의미는 롤즈가 『정의론』과 『정치적 자유주의』에서 사용하는 포괄적이라는 의미와 동일하다. 롤즈는 개인이 설정하는 다양한 인생의 목적들이 서로 상충됨이 없이 성취될 수 있게끔 도와주는 인생의 장기적인 전체 계획을 포괄적이라고 표현한다. 이러한 포괄적 계획들은 개인이 설정하는 삶의 목적과 가치 있는 것으로 판단하는 대상들을 설정하는 방식에 따라 각기 구별되는 형태로 짜인다. 롤즈가 현대 사회의 근원적인 성격을 양립할 수 없는, 그러나 합당한 포괄적 교리들의 다원성으로 규정하는 이유는 이러한 개인의 삶의 목적과 가치 설정의 방식이 다원적이기 때문이다. 존 롤즈, 황경식 옮김, 『정의론』, 이학사, 2003, 142쪽과 534~536쪽; 존 롤즈, 장동진 옮김, 『정치적 자유주의』, 동명사, 2003, xxi쪽 참조.

망을 제공한다. 이는 단지 용서의 동기를 제공할 뿐 아니라 믿음의 공동체를 구성하는 형제와 자매 간이 관계의 이상을 제시한다. 그리고 이러한 관계의 이상은 단지 인간과 인간과의 관계뿐 아니라 인간과 신의 관계에도 적용된다.[21] 기독교적 관점과는 달리, 용서가 주는 이익의 관점이 용서의 동기로 작용하는 경우 또한 동일하게 해석된다. 범죄자가 저지른 잘못을 용서해야 하는 이유를 제시하는 다양한 동기들의 많은 경우는 가해자를 용서함이 가져다주는 상대적인 이점이 가해자에 대한 처벌에 비해 크다는 계산에 주목한다. 정치적 용서, 국제관계에서의 용서에 대한 요청은 종종 더 나은 미래와 안정, 평화라는 더 큰 목적 안에서 이루어진다.[22] 논자가 주목하여 지적하고자 하는 바는 용서의 동기를 제공하는 포괄적 관점들이 피할 수 없는 다원성의 현실이다. 용서가 가져다주리라 믿어지는 복리의 총합에 대한 계산법과 용서를 가능케 하는 다수의 포괄적 관점들은 다원

---

21) ""나는 하느님을 사랑한다"고 하면서 자기 형제를 미워하면, 그는 거짓말쟁이입니다. 눈에 보이는 자기 형제를 사랑하지 않는 사람이 보이지 않는 하느님을 사랑할 수는 없습니다. 우리가 그분에게서 받은 계명은 이것입니다. 하느님을 사랑하는 사람은 자기 형제도 사랑해야 한다는 것입니다."(요한의 첫째 서간, 4장 20~21절)

22) 용서가 용서뿐 아니라 다른 목적에 봉사하는 이러한 경우와 관련하여 데리다는 다음과 같이 지적한다. "매번 용서가 어떤 목적성에, 그것이 고귀하고 정신적인 것(대속이나 속죄, 화해, 구원)이라 해도, 봉사하려고 할 때마다, 매번 용서가 애도의 작업이나 어떤 기억의 치료법 혹은 생태학을 통해(사회적·민족적·정치적·심리학적인) 정상상태를 재확립하려고 할 때마다, '용서'는 순수하지 않으며, 그것의 개념도 그러하다." 자끄 데리다, 앞의 책, 222쪽.

주의라는 현대 사회의 현실을 구성하는 각각의 요소들이다. 이들 중, 어느 것도 독점적으로 인간사회의 핵심적인 가치의 기치를 세울 수 없다. 용서가 더 큰 목적에 기여하는 의존적 행위라면, 용서는 결국 더 큰 목적에 의해 동기를 부여받는다. 그리고 더 큰 목적을 구성하는 특정한 관점은 다원적 현실 안에서 다수의 일원으로서 존재한다. 필자는 용서의 동기를 그 다원성의 현실에 기대어 이해했고, 이로 인해 적어도 이 글에서는 용서의 동기에 대한 논의를 빗겨나갈 수 있는 이유를 발견하였다. 물론 이러한 장점은 용서에 동기를 불충분하게 다루었다는 점에서 동시에 용서에 대한 불완전한 설명을 제공할 수밖에 없다는 한계를 동반한다.

3. 관용

지금까지의 논의를 통해 용서의 개념적 분석을 시도하였다. 그 결과로 용서는 사람과 사람 간의 맥락 안에서 실현되며, 용서의 목표는 묵과할 수 없는 명백한 피해를 본 피해자의 분노와 원망, 증오의 감정을 극복하는 것이라는 점을 확인하였다. 이제부터의 논의는 이러한 용서의 개념과 상응하는 관용의 개념에 집중될 것이다. 논의가 진행되기 전에 염두에 두어야 할 것은, 이 글의 목적이 용서와 관용의 비교분석에 있다는 것이다. 따라서 관용에 대한 개념 분석은 지금까지 논의된 용서의 개념 분석과의 연관성 안에서만 이루어질 것이며, 용서와의 비교분석과 무관하다고 판단되는 관용의 개념은 논의의 대상에 포함되지 않을 것이다.

용서와의 비교분석에서 이 글이 주목하고자 하는 바는 다음과 같다. 첫째, 관용은 관용을 실천하는 이가 자신이 명백히 반대하는 특정한 대상을 관대히 대하고자 결심하고 이를 실천하는 것을 뜻한다. 둘째, 관용의 행위는 용서와 동일하게 도저히 받아들일 수 없는 반대의 대상에 대한 명확한 인식을 전제로 한다. 셋째, 관용은 관용의 대상과의 상호작용을 필요치 않는다. 관용은 관용을 실천하는 사람에게 귀속되는 행위인 것이다. 넷째, 관용의 대상에 대한 명백한 반대는 일관적으로 유지되며, 그 결과 관용은 반복적으로 실천된다. 마지막으로, 관용의 동기를 제공하는 관점은 다양하다.

1) 받아들일 수 없는 대상에 대한 관대함

관용이란 받아들일 수 없는 무엇인가에 대한 관대한 자세를 취하는 것을 뜻한다. 그런데, 관대한 자세가 함의하는 바는 다양할 것이다. 어떤 이는 받아들일 수 없는 무엇인가에 대한 자신의 판단을 수정하여 너그러이 받아들이는 마음을 관대함으로 이해하기도 하며, 또 어떤 이는 받아들일 수 없는 무엇인가에 대한 자신의 판단을 유지하면서 그 대상에 대한 박해와 탄압을 실천하지 않는 것을 관대함이라 이해할 수 있다. 일반적으로 관용에서 받아들이는 관대함은 후자에 속한다. A가 B를 관용한다는 것은, A가 받아들일 수 없는 무엇인가를 B가 행하거나 가지고 있음에도 불구하고, B에 대한 특정한 반대의 행동을 A가 취하지 않기로 했다는 것을 의미한다. 이 경우, A는 B의 생각, 행동, 관점 등에 미루어 자신의 의견을 수정하지 않는다.

예를 들면 다음과 같다. 이슬람교를 믿는 사람이 기독교인을 관용한다는 것은 기독교를 자신의 신앙으로 받아들인다는 것을 뜻하지도, 기독교의 교리가 신에 대한 올바른 믿음과 숭배의 방식을 대변한다는 것을 인정하겠다는 것을 뜻하지도 않는다. 기독교를 관용하는 이슬람 교인은 기독교의 교리가 그릇된 것이라는 확신과 함께, 자신의 종교가 옳다는 신념을 유지한다. 하지만, 그럼에도 불구하고 그들은 기독교인을 박해하지 않기로 선택한 것이다. 동성애적 성적지향을 가진 이를 관용하기로 한 이성애자는 자신의 이성애적 성적지향을 수정하여 동성애적 성적지향을 받아들이기로 결정한 것이 아니다. 그는 자신의 이성애적 성적지향을 여전히 유지하면서 동성애적 성적 취향을 가진 이에 대한 공적인 어떠한 종류의 탄압도 반대함으로써 그들을 관용한다. 정치적 이념에 대한 관용 또한 같은 방식으로 실천된다. 특정한 정치적 이념에 대한 지지와 헌신이 공적인 장소에서 표명되는 것을 관용하는 것은 표명된 정치적 이념을 받아들인다는 것을 뜻하지 않는다. 그것에 대한 관용은 표명된 정치적 이념에 대한 명백한 반대에도 불구하고, 그것이 공적인 장소에서 표명되는 것이 금지되어서는 안 된다는 정신에서 비롯된다.

혹자는 어떠한 관용의 행위는 특정한 대상에 대한 명백한 반대를 전제하지 않는다고 주장할 수 있을 것이다. 예를 들어, 나는 내 옆집에 사는 사람이 어떠한 종교적 신념을 가지고 있으며, 어떠한 방식으로 그 신념을 실천하는지에 대해 아무런 관심이 없을 수 있다. 또한, 나는 나의 이웃이 가지고 있는 개인으로서의 자율성을 존중하며 그 결과, 그의 종교적 신념(그것이 무엇인지는 알지 못하지만)을 방해하지 않을 수 있다. 이를 통해 나는 내 이웃의 종교적 신념을 관용한다고 주장할 수 있을지도 모른다.[23] 하

---

23) 윌리암스는 이러한 주장에 대한 명확한 해답을 제시하고 있다. 그는 "만약 당신이 누군가의 종교적 믿음에 대해 신경을 쓰지 않는다면, 관용적 자세는 필요치 않다"고 말한다. 윌리암스의 이러한 언급은 내용이 결여된 대상에 대한 인식이 관용의 행위를 도출해낼 수 없다는 사실을 잘 표현하고 있다. Williams, Bernard, "Toleration:

지만, 우리는 이러한 행위를 관용이라 부르지 않고 무관심이라고 부른다. 내가 이웃이 어떤 음악을 듣는지, 어떤 음식을 먹는지, 어떤 종교관을 가졌는지에 대해 관심을 가지지 않을 때, 나는 내 이웃의 음악 취향과 음식의 선호, 종교관에 무관심하다고 말하지, 그를 관용했다고 말하지는 않는다. 그렇다면 왜 무관심을 관용의 한 형태라고 부를 수 없는 것인가? 필자는 다음과 같은 두 가지의 이유가 어색함의 이유로 제기될 수 있으리라 생각한다. 첫째, 무관심은 특정한 행위라 부를 수 없다는 점이다. 내 이웃의 음악 취향과 음식 선호, 종교관에 무관심하다는 것은 그것들에 어떠한 간섭도 하지 않겠다는 뜻만이 아니라, 어떠한 행위 일체를 하지 않겠다는 것을 뜻한다. 나는 내 이웃의 음악 취향과 음식의 선호, 종교관과 관련하여 어떠한 행위도 하지 않는다. 이에 반해 관용은 특정한 대상에 대한 명백한 행위와 선택을 실행한다는 점에서 특정한 행위이며 동시에 적극적인 대응이다. 나는 특정한 종교적 신념에 대해 관용함으로써 그 신념을 믿고 따르는 이들에 대한 탄압과 박해를 적극적으로 반대한다. 또한, 나는 특정한 성적지향을 가진 이들에 대한 관용을 통해 그들이 받을 어떠한 공적인 제재와 탄압에 반대하는 행위를 실천한다.

An Impossible Virtue?", *Toleration: An Elusive Virtue*, New Jersey: Princeton Univ. Press, 1996, p. 20.

둘째, 무관심의 상태는 언제든지 변화될 수 있다는 점에서 조건적인 반면, 관용은 그렇지 않다. 나는 이웃의 음악 취향과 음식의 선호에 무관심했지만, 내 이웃의 음악이 점점 시끄러워져 나의 삶에 묵과할 수 없는 피해를 주거나, 내 이웃이 선호하는 음식의 냄새가 나의 일상을 심각할 정도로 방해한다면, 무관심이라는 나의 태도를 수정할 것이다. 나는 내 이웃의 종교관이 나의 종교적 신념의 실천을 방해하게 된다면, 내 이웃에 대한 나의 무관심한 태도를 수정할 것이다. 나는 더는 내 이웃의 음악과 음식의 선호, 종교관에 무관심할 수 없다. 하지만, 관용의 행위는 이보다 일관적이다. 특정한 종교적 신념에 대한 관용은 일시적인 변덕이나 일시적인 상황의 변화 때문에 실행되지 않으며, 보다 일관적이고 견고한 신념 및 근거 위에서 실천된다. 특정한 성적지향에 대한 나의 선호는 조건에 따라 변하기보다는 생물학적으로 고정된 것이다.

2) 관용의 대상에 대한 명백한 인식

또한, 관용의 행위는 관용의 대상에 대한 명백한 반대를 전제하기 때문에 자연스럽게 그 대상에 대한 충분한 인식을 요구한다. 우리는 우리가 명확하게 인식하지 못한 대상에 대한 관용을 실천할 수 없다. 우리는 관용의 대상에 대한 충분한 인식을 통해서만 그 대상에 대한 반대를 유지할 수 있기 때문이다. 명확한 인식은 명백한 반대의 근거이다. 명백한 반대가 가능하기 위해서는 반대의 근거가 되는 기준과 그 기준과 양립할 수 없는 견해와의 비교가 이루어져야 하며, 이는 당연하게도 그 대상에 대한 분명한 인식을 전제한다.

3) 관용하는 이와 관용 받는 이의 관계

이제 관용의 행위가 관용의 대상과 맺는 관계에 대해 살펴보겠다. B를 관용하기로 한 A의 선택은, A의 선택에 대한 B의 태도 표명에 영향을 받지 않는다. 서구 역사상 가장 성공한 관용의 모델로 꼽히는 오스만 제국의 밀렛 체계는 종교적 자유를 보장받았던 동방 정교회, 아르메니안 기독교, 유대인 종교 공동체와 이들을 지배하는 이슬람 지배세력으로 구성되었다.[24] 이슬람 지배세력의 보호 아래서 이들 종교 공동체들은 자신들의 신앙을 추구할 수 있을 뿐만 아니라, 각각의 교리에 기반한 독자적인 사법체계까지도 운영할 수 있었다. 이러한 공존이 가능했던 이

---

24) 관련 연구로는 김종일, 「오스만제국 내 기독교인에 관한 정책 연구」, 『한국중동학회논총』 40(1), 한국중동학회, 2019, 75~96쪽을 참고하였다.

유는 이슬람 지배세력이 피지배 세력의 종교적 신념을 적극적으로 관용했기 때문이다.[25] 그리고 이들의 관용적 태도는 이슬람의 교리가 자족적(self-sufficient)으로 제시한 관용의 근거를 통해서 정당화되었다. 즉, 이슬람 지배세력은 밀렛 체계를 유지하기 위해 외부에서 관용적 지배방식에 도움을 줄 만한 종교 교리나 정치 체제를 수입하지 않았다는 것이다. 밀렛 체계 안에서 이슬람 지배세력은 비이슬람 종교에 대한 이슬람 교리의 상대적 우월성을 자랑하며 그들을 관용할 수 있었던 근거를 이슬람의 교리 안에서 독점적으로 찾아내었다.[26] 그 결과, 밀렛 체계에서의 이슬람 지배세력은 관용의 대상에 대한 명백한 반대와의 모순됨이 없이 관용을 베풀 수 있었다.[27]

B를 관용하기로 한 A의 선택은 B에 대한 A의 적극적인 행위로 실천된다. A는 적극적으로 B에 대한 폭력적인 탄압과 박해를

---

25) 타종교를 관용적으로 대해야 한다는 이슬람 교리의 근거가 존재함에도 불구하고, 이슬람 교인과 비이슬람 교인 간에는 명백한 차별의 요소가 존재한 것도 사실이다. 이러한 차별의 내용에 대한 연구는 황의갑, 「딤미 제도와 이슬람의 관용」, 『지중해 연구』13(3), 부산외국어대학교 지중해지역원, 2011, 57~78쪽에서 발견할 수 있다.

26) 이슬람이 타종교를 대하는 태도의 꾸란적 근거를 소개한 연구로는 김아영, 종교적 관용에 대한 꾸란의 가르침: 기독교와의 관계를 중심으로」, 『신학논단』91, 연세대학교, 2018, 7~41쪽이 있다.

27) 관용은 특정한 모순적인 요소를 지니고 있다는 주장은 관용에 대한 연구에서 자주 등장하는 레토릭이다. 이에 대한 유명한 문제제기는 윌리엄스의 앞의 논문에서 제기되고 있고, 이에 대한 국내의 연구는 박준웅, 「구성적 분석을 통한 관용의 동기해석」, 『사회와철학』40, 2021이 다루고 있다.

반대하기 때문이다. 하지만, 이 과정에서 B의 역할을 특정하는 것은 어려울뿐더러 중요하지도 않다. B는 A의 적극적인 관용의 실천에 감사할 수 있고, 때에 따라서는 무관심할 수도 있을 것이다. 또한, B는 자신이 관용 받았다는 사실에 실망하고 분노할 수도 있다. 관용은 관용하는 이의 주장과 관용 받는 대상의 주장이 충돌함을 전제한다. A가 B를 관용했다는 것은 B의 주장이 A에게 받아들여지지 않았다는 것을 뜻하고, 이러한 사실은 B의 실망과 분노의 원인이 될 수 있다.

주목할 것은 B의 반응 모두가 A의 관용적 판단에 영향을 미치지 않는 것, 즉 중요한 고려의 대상이 아니라는 것이다. 밀렛 체계를 기획하고 운영하는 이슬람 지배세력은, 자신의 관용적 태도를 자신의 이해와 필요에 따라 자족적으로 정당화한다. 이들의 관용적 태도는 그리스 정교회, 아르메니안 기독교인, 유대인들의 감사, 무관심, 분노와는 무관하게 자족적인 이슬람의 원리에 의해 완성되고 실천된다. 따라서 관용의 행위자는 실천되는 관용의 유일한 결정권자이며, 이 결정권자가 실천하는 관용은 관용의 대상과의 상호작용을 필요치 않는다는 점에서 독립적인 행위이다.

4) 관용을 가능케 하는 근거의 일관성과 관용의 반복성

관용의 대상에 대한 명백한 반대의 입장과 그것에 대한 명확한 인지, 그리고 그 명백한 반대의 입장이 폭력적인 방식으로 실현되는 것을 반대하는 근거가 자족적이라는 사실로부터 우리는 관용이 일회성의 사건이 아니라 일관성을 유지하며 지속해서 실천된다는 것을 유추할 수 있다. 명백하게 인식된 반대가 자족적인 근거를 통해 형성된다는 것은 그 반대가 일시적인 감정의 동요나 우연적 상황에 의해 형성된 것이 아니라는 것을 의미하기 때문이다. 관용은 명백하며 자족적인 근거에 의해 정당화된 반대에 대한 명확한 인식을 전제한다. 이러한 속성들은 일관성을 유지하는 특정한 입장의 조건들이라 간주하기에 부족함이 없어 보인다. 일관성을 유지하는 관용의 태도는 관용의 대상을 반복적으로 관용한다. 왜냐하면, 관용의 행위는 관용의 상의 태도에 무관심하기에, 관용의 행위를 정당화하는 자족적 근거가 유지되는 한 반복적으로 실천된다.

하지만, 일관성을 유지하며 지속해서 실천된다는 표현은 모호한 것이다. 영원히 지속하며 관용적인 태도의 근거를 변함없이 제공해주는 신념 혹은 이념체계를 상상하는 것은 지나치게 이상적이기 때문이다. 아무리 견고해 보이는 이념체계도, 변화를 용인치 않는 종교의 교리도, 수정과 개선, 혹은 폐기의 대상임을 인류의 지성사는 변함없이 증명해 왔다. 그렇다면, 결국은 관용 또한 일시적인 실천으로 전락하는 것이 아닌가를 물을 수 있을 것이다. 일관성을 유지할 수 없는 관용의 근거는 관용이 반복적으로 실천된다는 주장을 폐기하기 때문이다.

하지만 필자가 주목하는 바는, 관용을 가능하게 하는 종교, 철학, 문화적 근거를 제공하는 특정한 신념, 혹은 이론체계는 상당 시간 오래 지속하여왔고, 앞으로도 지속할 것이라 여겨진다는 것이다. 그것이 비록 가까운 미래에 상상하기 어려운 방식으로 전면적인 수정과 개선, 혹은 폐기된다고 하더라도, 관용의 근거를 제공하는 이념과 사상은 상당 기간 지속할 것이라 여겨지며, 실제로 오랜 시간 지속하여왔다. 회의주의적 관점에서 관용을 정당화시켜왔던 오랜 전통의 시작은 고대 로마에까지 거슬러 오르며, 몽테뉴를 거쳐 피에르 벨에게까지 이어진다. 자유주의적 전망 안에서 정당화되는 관용은 자유주의의 태동에서부터 시작되어 존 로크와 존 롤즈를 거쳐 지금의 현대 사회에서 핵심적인 가치로 받아들여진다. 우리는 관용을 가능케 하는 종교, 철학, 정치, 문화적 근거들이 아주 오랫동안 지속할 것이라는 전망을 지니고 있으며, 그러한 전망 안에서 관용의 실천이 일관성을 유지하며 지속하여 반복적으로 실천되리라 예측한다. 실제로 관용

이 특정한 관용의 근거의 전면적인 수정, 개선, 혹은 폐기로 인해
반복적으로 실천되지 못한다고 하더라도 이러한 반복성의 기대
가 관용의 핵심적인 이념을 구성한다는 점은 변함이 없다.

5) 관용의 근거의 다원성

용서와의 비교적 측면에서 주목할 관용의 마지막 특성은 다음
과 같다. 관용은 결코 하나의 근거에서 실천되지 않는다. 이는
이 글에서 필자가 반복적으로 제시한 주장임과 동시에, 관련 연
구자들에게 널리 공유되고 있는 전제이다.[28] 이를 지금 충분히
설명하는 것은 이 글의 취지와 일치하지 않는다.[29] 하지만, 현재
의 논의와 관련하여 간단히 설명하면 다음과 같을 것이다. 모든
관용의 행위는(만약 그것이 진정한 관용의 행위라면) 특정한 형식적
인 구조를 공유한다. 관용의 행위는 관용의 대상에 대한 명백한
반대를 포함하며, 동시에 이러한 반대가 폭력적인 방식으로 실

---

28) 근대 초기 유럽의 관용에 대한 연구서에서 카플란은 관용이 단 하나의 형태로
   존재할 수 있다는 믿음을 신화(myth)라 부른다. 이러한 보편적 관용의 신화에 대
   한 믿음은 관용을 오히려 제한하고 불관용의 근거를 만들어낸다고 그는 주장한
   다. Kaplan, J., Benjamin, *Divided by Faith: Religious Conflict and the Practice of
   Toleration in Early Modern Europe*(Cambridge: Harvard Univ. Press, 2007), 서론 부
   분을 참고할 것.
29) 이에 대한 국내의 연구는 박준웅, 앞의 논문에서 다루어지고 있다.

천되는 것을 반대하는 이차적 반대 또한 포함한다. 관용의 행위는 명백한 반대와 이차적 반대와의 긴장 안에서 이차적 반대를 우선하여 실천한 행위이다. 그리고 우리가 무엇인가를 관용적이라고 부른다면, (예를 들어 여성의 교육받을 권리와 정치에 참여할 권리에 대해 탈레반의 태도가 관용적이라고 부르기 위해서는) 그 무엇인가는 이 긴장 속에서 경쟁하는 두 반대 중 이차적 반대에 우선성이 주어져야만 하는 이유를 충분히 제공해 줄 능력을 갖추고 있어야 한다(탈레반의 이슬람 교리의 해석이 여성의 교육받을 권리와 정치에 참여할 권리를 허용해줄 수 있는 근거를 자족적으로 갖추고 있어야 한다). 이러한 관용의 형식적 구조로부터 주목해야 할 것은 이차적 반대에 우선성을 부여할 수 있는 능력을 지닌 철학적, 종교적, 문화적 근거(무엇인가를 대변하는)가 하나가 아니라는 사실이다. 특정한 대상 C를 관용하는 A와 B를 상상해보자. C에 대한 관용을 실천하는 A와 B의 이유가 모두 같은 것으로 생각할 이유는 없다. A는 관대함(magnanimity)이라는 덕성의 가치에 대한 자신의 신념을 통해 C를 관용할 수 있고, B는 이방인에 대한 사랑을 강조하는 종교적 명령의 관점에서 C를 관용할 수 있다. 관용의 실천을 가능하게 만드는 근거를 하나로 상정하는 것은 관용의 범위를 심각하게 좁혀, 오히려 불관용의 상황을 확산시킬 위험이 있다할 것이다.

4. 용서와 관용의 비교

이 장에서는 지금까지 논의된 용서와 관용의 성격들을 통해 용서와 관용의 비교를 시도하고자 한다. 지금까지의 분석을 통해 필자는 용서와 관용의 성격을 다음과 같이 구분하여 파악하였다. 용서는 a) 묵과할 수 없는 피해를 전제로 하며, b) 이러한 피해에 대한 명백한 인식 또한 전제한다. 그리고 용서는 c) 피해자에게 가해진 묵과할 수 없는 피해에 대한 분노와 증오와 같은 감정을 극복하는 것을 목표로 하며, 이는 d) 대인적 맥락에서 실천된다. 용서는 e) 반복되지 않으며, f) 용서를 실천할 수 있게끔 만드는 요인은 다양하다. 관용은 a') 관용의 대상에 대한 명백한 반대와 b') 그것에 대한 인지를 전제로 한다. 또한, c') 관용의 행위자는 관용의 대상에 대한 반대의 견해를 일관적으로 유지하는 것으로 파악되며,[30) d') 관용은 그 대상과의 상호작용을 요구하지 않으며, e') 반복된다. f') 관용을 가능케 하는 근거는 다양하다.

용서와 관용의 관계를 파악하기 위해, 필자는 용서와 관용의 네 가지 가능한 관계를 가정할 것이다. 첫째, 용서와 관용은 같은 행위이다. 이 가정에 따르면 우리가 무엇인가를 관용한다는 말은

---

30) 이 글은 c')를 f')와 함께 3. 4)에서 다루고 있다. 하지만, 용서와의 비교 작업에서의 편의를 위해 그 순서를 세 번째로 옮겼다.

그 대상을 용서한다는 말과 같다. 둘째, 용서와 관용은 같은 행위는 아니지만, 관용은 용서의 인과적 원인이다. 이 가정에 의하면 무엇인가를 관용한다는 것은 그 결과, 관용의 대상을 용서하게 된다. 셋째, 용서가 관용의 인과적 원인이다. 이에 따르면 우리가 무엇인가를 용서한다는 것은 결과적으로 그 대상을 관용하게끔 만든다는 것이다. 마지막 넷째, 용서와 관용은 구분되는 독특한 두 가지의 행위이다. 이 가정에 따르면, 용서와 관용은 상호 간의 유사성이 존재하지만 각자 구분되는 독립적인 행위이다.

첫 번째 가정은 우리의 고려사항에서 가장 쉽게 제외되는데, 이는 용서와 관용에 대한 분석에서 도출한 결과들의 불일치 때문이다. 용서는 그 실천을 반복할 수 없는 반면 관용은 반복적으로 실천되며, 용서는 가해자와 피해자가 맺는 관계의 맥락 안에서 실천되는 반면 관용은 행위자의 판단 때문에 실천된다. 용서는 피해자가 받은 피해를 극복하는 것을 목표로 실천되지만, 관용은 관용의 대상에 대한 부정적인 태도를 유지하면서 실천된다.

두 번째 가정에 의하면, 특정한 대상을 관용했다는 사실은 결과적으로 그 대상에 대한 용서를 이끈다는 점에서 관용은 용서의 인과적 원인이라 이해된다. 이러한 가정을 탈레반과 여성의 권리의 예에 적용하면 다음과 같다. 탈레반은 여성의 교육 받을 권리와 정치 참여의 권리를 관용하기로 공언하였다. 그리고 그러한 공언이 사실로 증명된다면, 그러한 공언을 통해 실천된 관용은 아프가니스탄의 여성들이 이전에 받았던 교육과 정치 참여의 권리행사를 자연스럽게 용서하게 된다. 하지만, 지금까지 제시된 용서와 관용의 분석에 의하면 이러한 가정은 받아들여질 수 없다. 이는 두 가지 방식으로 설명할 수 있다. 우선, 이러한 가정은 e) 와 e′) 항목에 의해 폐기된다. 교육받을 권리와 정치 참여의 권리에 대한 여성의 요구를 관용하기로 결정한 탈레반은 e′) 항목에 따라 권리를 요구하는 여성을 반복적으로 관용한다. 두 번째 가정에 따르면, 권리를 요구하는 여성을 반복적으로 관용하기로 한 탈레반은 그 결과 권리를 요구하는 여성을 용서하게 되는데, 용서하는 행위의 e) 항목은 탈레반이 권리를 요구하는 여성을 단 한 번 용서할 수 있음을 주장한다. 즉, 이 가정에 따르면 권리를 요구하는 여성을 반복적으로 관용한 탈레반은 그 결과 단 한 번, 비반복적으로 권리를 요구하는 여성을 용서한다는 것을 뜻한다. 하지만, 반복되는 권리를 요구하는 여성에 대한 탈레반의 관용과 일회성의 탈레반의 권리를 요구하는 여성에 대한 용서는 동시에 참일 수 없다. 반복적으로 실천되는 관용이 매번 일회적인 용서를 도출한다면, 실천되는 용서를 이제는 일회적이라 부를 수 없기 때문이다.

또한, c)와 c′)의 관점에서도 두 번째 가정은 받아들여질 수 없다는 것이 증명된다. 권리를 요구하는 여성을 관용하기로 한 탈레반의 결정은 c´) 항목에 따라 권리를 요구하는 여성에 대한 부정적인 태도를 일관적으로 유지한다. 그리고 두 번째 가정에 의하면 권리를 요구하는 여성에 대한 탈레반의 관용은 결과적으로 권리를 요구하는 여성에 대한 탈레반의 용서로 이어진다. 하지만, 이 경우, 권리를 요구하는 여성에 대한 탈레반의 부정적인 태도는 c) 항목에 따라 극복된다. 대상에 대한 부정적인 태도가 유지되는 동시에 다른 형태로 극복된다는 것은 동시에 참일 수 없다. 탈레반이 여성의 교육받을 권리와 정치 참여의 권리를 관용한다고 공언했을 때, 이는 탈레반이 의지하고 있는 그들의 이슬람법 해석이 여성의 교육받을 권리와 정치 참여의 권리에 관한 주장에 대한 명백한 부정적인 태도가 유지된다는 것을 뜻한다. 관용한다는 것은 바로 그러한 명백한 부정이 유지됨에도 불구하고 이에 대한 처벌을 실행하지 않겠다는 것을 뜻한다. 하지만, 이러한 관용의 행위가 용서로 이어진다고 가정하면, 여성의 권리에 대한 명백한 부정적 태도를 유지하는 탈레반의 입장이 어떠한 방식으로든 처음의 입장을 유지할 수 없다는 것을 의미한다. 이 경우, 인과적 결과인 용서는 인과의 원인인 관용을 해체한다.

세 번째 가정 또한 두 번째 가정과 같은 논리로 용서와 관용의 관계를 설명하기에는 부적절하다. 우선, 세 번째 가정에 따르면, 무엇인가를 용서하는 행위는 그 결과로 관용을 이끈다. 예를 들어, 탈레반이 자신들의 카불 점령 이전에 특정한 권리를 누렸던 여성들의 행위를 용서한다면, 그 결과 여성들의 권리들을 앞으로도 관용하게 된다는 것이다. 이러한 가정은 두 번째 방식과 같이 e)와 e') , c)와 c') 간의 비교를 통해 폐기된다. 우선, 일회성 e)과 반복성 e')의 관점에서 살펴보자. 세 번째 가정에 의하면 탈레반이 여성의 권리를 누렸던 이들을 용서한다는 것은 그들이 자신들에게 끼쳤던 피해에 대한 부정적인 감정을 극복하겠다고 선언한 것과 같다. 이러한 부정적인 감정은 지금까지의 논의에 의하면 반복될 수 없는 것이다. 용서는 대인적 맥락에서 형성되는 피해자와 가해자 간의 관계 안에서 도출되는 특정한 결과이다. 그 결과가 도출됨으로 인해, 이전에 가해진 묵과할 수 없는 피해는 어떠한 방식으로든 극복되는데, 이는 단 한 번 실천되는 독특한 행위이다. 하지만, 만약 용서가 관용을 인과적으로 이끈다면, 인과적으로 이끌어진 관용은 부정적인 피해의 감정이 다시금 재생산한다. 이는 관용이 명백한 반대의 감정을 일관적으로 유지하여 관용을 반복적으로 실천하기 때문이다. 즉, 용서가 관용을 이끈다면, 어떠한 식으로든 일회적 행위인 용서가 반복적 행위인 관용을 도출해낸다는 것을 의미한다. 그 결과 일회적으로 실천된 용서는 관용의 반복적 실천으로 인해 가해자에 대한 부정적 태도를 다시금 되새기게 만든다. 이러한 되새김의 반복은 용서의 대상을 다시금 피해자의 눈앞에 세워놓음으로써, 일회적으로 완성된 용서를 다시금 시작점으로 되돌려놓는다. 즉, 관용의 반복적 실천이 용서의 일회성이라는 성격을 폐기한다는 것이다. 이러한 가정은 결과적으로 용서의 실천을 무의미한 것으로 만든다.

용서가 전제하는 묵과할 수 없는 피해의 극복(c)과 관용이 전제하는 대상에 대한 명백한 반대의 유지(c')를 비교해보아도 세 번째 가정이 받아들여질 수 없음은 명백하다. 특정한 대상을 용서했다는 것은 그 대상에 대한 부정적인 태도가 극복되었다는 것을 뜻한다. 만약에 특정한 대상에 대한 용서가 관용을 인과적으로 이끈다면, 이미 극복되어 해결된 가해자에 대한 원망과 분노, 증오의 감정이 다시금 원형을 복원하여 유지해야 함을 뜻한다. 하지만, 이는 이미 실천된 용서를 다시금 용서 이전의 상태로 되돌리는 것을 의미한다. 따라서 무엇인가를 용서하는 행위는 그 대상에 대한 관용의 원인이 될 수 없음은 분명하다. 탈레반이 여성의 권리를 용서한다는 것은 여성의 교육권과 정치 참여의 권리에 대한 탈레반의 분노와 원망의 마음을 탈레반 스스로가 극복하여 제거하겠다는 것을 의미한다. 하지만, 분노와 원망의 마음을 극복한 행위가 그 결과로 분노와 원망의 마음을 일관되게 유지해야 하는 행위를 인과적으로 이끈다는 것을 상상하기란 매우 어렵다.

　마지막 남은 가정은 용서와 관용이 독립적인 행위라는 것이다. 앞에서 살펴보았듯이, 이 두 가지 행위 간의 인과성이 성립되지 않는다는 점, 그리고 지금까지 밝혀낸 두 행위의 성격들은 이 마지막 가정을 강력하게 지지한다. 용서와 관용의 유사성은 존재한다. 이 두 행위는 모두 특정한 대상에 대한 부정적인 태도(용서가 전제하는 묵과할 수 없는 피해를 가한 이에 대한 비난과 분노, 증오의 감정과 관용이 전제하는 받아들일 수 없는 명확한 반대와 거부의 태도)를 공통으로 전제한다. 또한, 이러한 부정적인 태도를 어떠한 식으로든 처벌하고 박해하는 것을 반대한다는 점에서도 유사성을 갖는다.31) 용서와 관용의 혼용이 정당한 것인지에 대한 필자의 물음은 바로 이러한 공통점에서 비롯한다. 용서는 피해자로부터 받은 묵과할 수 없는 피해를 되돌려줌으로 정의의 저울추를 맞추고자 시도하지 않는다. 용서의 목적은 피해자가 받은 피해로부터 초래되는 증오와 복수의 감정을 그 방식이 무엇이든 극복하는 것이다. 관용은 자신이 옳다고 믿는 것과 일치

---

31) Benbaji, Hagit, Heyd, David, *Ibid.*, pp. 568~569.

하지 않는 생각과 행위를 고수하고자 하는 이들을 교정하려 들지 않는다. 관용을 실천하는 자는 그들을 내버려 둠으로써 자신과 관용의 대상 간에 존재하는 다름을 받아들이고자 한다.

하지만, 이러한 유사성에도 불구하고, 이 둘 간의 인과적 연관이 존재하지 않는다는 점, 그리고 동시에 참일 수 없는 요소들이 존재한다는 사실로부터 이 둘은 각자 독립적인 행위라는 점이 드러난다. 일회성과 반복성, 극복과 유지, 대인적 맥락과 자족성은 동일한 대상에 대해 동시에 실현될 수 없다. 특정한 대상에 대한 부정적인 태도를 대인적 맥락에서 일회성으로 극복하는 행위는, 자족적 근거를 통해 형성된 동일한 대상에 대한 일관적이며 반복되는 부정적 태도를 유지해야 하는 행위는 같은 행위일 수 없다는 것이다. 결과적으로 동일한 대상에 대한 용서와 관용은 그 유사성에도 불구하고 독립적인 두 행위라는 점이 드러난다.

탈레반이 여성의 권리를 용서하겠다는 것은 그 자체로 독립적인 행위이며, 여성의 권리를 관용하는 것 또한 용서와 상관없이 존재하는 행위이다. 탈레반이 여성의 권리를 누렸던 일군의 여성들을 용서한다면, 그것은 이들을 관용한다는 것과 상관없는 독립적인 행위이다. 반대로 그들이 여성의 권리를 누렸던 여성을 관용한다면, 그것은 그들을 용서하는 행위와는 아무런 관련이 없는 독립적인 행위인 것이다. 더 나아가, 지금까지의 논의는 이 두 가지 행위가 동일한 행위자에 의해 실천되고 동일한 대상을 대상으로 삼는 경우, 이 둘이 단지 구별되는 독립적 행위일 뿐 아니라, 양립 불가한 행위라는 결론을 이끈다는 점은 주목할 가치가 있다. 용서와 관용이 양립 불가능하다는 것은 동일한 사람이 동일한 대상을 함께 용서하고 관용할 수 없다는 것을 뜻하며, 이는 c)와 c'), d)와 d'), e)와 e')이 모두 양립 불가하다는 사실로부터 비롯된다. 일회성과 반복성, 극복과 유지, 대인적 맥락과 자족성은 한 사람이 동일한 대상에게 동시에 부여할 수 있는 속성이 아니다. 한 사람은 어떠한 대상에 대한 부정적인 감정을 극복하는 동시에 유지할 수 없고, 한번 마주하는 동시에 반복적으로 마주할 수 없으며, 부정적 감정의 원인과의 관계를 맺는 동시에 관계를 맺지 않을 수 없다. 따라서 무엇인가를 용서한다는 것은 그 대상을 관용할 수 없다는 것을 의미하며, 무엇인가를 관용한다는 것은 그 대상을 용서할 수 없다는 것을 뜻한다. 따라서, 탈레반이 교육과 정치 참여의 권리를 주장하는 여성을 관용과 용서의 태도로 대하겠다는 공언하는 것은 실천 불가능한 공약의 제시이다. 용서의 대상과 관용의 대상은 구분된다. 우리는 동일한 대상에 대한 용서와 관용의 태도를 같이 취할 수 없다. 탈레반이 교육받을 권리와 정치 참여의 권리를 주장하는 여성을 관용한다면, 그들은 그 대상이 용서의 대상이 아니라는 것을 확증하는 것이며, 그들이 교육받을 권리와 정치 참여의 권리를 누렸던 여성들을 용서한다면, 앞으로는 그러한 권리가 보장될 수 없다는 것을 천명하는 것이다. 이로써, 용서와 관용의 행위에 대한 여러 가정 중, 용서와 관용이 독립적으로 구분되는 행위라는 가정 만이 유일하게 받아들일 수 있다는 점이 드러났다. 이에 더해 같은 대상에 대해서는 용서와 관용이 동시에 실천될 수 없다는 사실 또한 확인되었다.

5. 다른 형태의 용서에 관하여: 나가며

지금까지의 논의를 통해 필자는 용서와 관용의 차이를 비교 분석하였다. 그 결과, 용서와 관용은 특정한 유사성을 지니고 있지만 서로 독립적인 행위라는 점, 그리고 동일한 자가 동일한 대상에 대해 동시에 실천할 수 없는 행위라는 것을 통해 이 둘이 서로 양립 불가능하다는 것을 보였다. 하지만, 이러한 분석은 필자가 제시한 용서와 관용의 분석이 타당할 경우에 그 정당성을 확보할 것이다. 이에 필자는 이 글의 중요한 전제로 사용된 용서에 대한 필자의 분석과는 사뭇 다른 하나의 해석을 간략하게 제시해보고자 한다.

마지막으로 간략하게 살펴볼 것은 기독교적 관점에서 용서의 실천이 함의하고 있는 바이다. 기독교의 성경은 용서를 일회적인 것으로 이해하고 있지 않다. 마태복음 18장 21절[32]에 등장하는 예는 이러한 점을 잘 드러내는데, 예수는 형제를 몇 번이나 용서해줘야 하는지를 묻는 베드로에게 일흔일곱 번까지라도 용서해야 한다고 가르친다. 오른뺨을 맞으면 이를 용서하는 것을 한참 뛰어넘어 심지어 왼쪽 뺨까지 내어주라는 것[33]이 기독교의 가르침이다. 또한, 기독교의 성경에 담겨 있는 용서에 대한 명령은 대인 간의 맥락이 아닌 자족적 근거 안에서 도출된다. 마태복음 6장 14절에 적힌 "너희가 다른 사람들의 허물을 용서하면, 하늘의 아버지께서도 너희를 용서할 것이다"라는 말은 용서의 동기가 가해자와 피해자 간의 상호 관계, 즉 대인적 맥락 안에서 발생하는 것이 아니라, 죄로 연결되어 있는 인간과 신의 관계에서 비롯된다는 것을 뜻한다. "너희가 서서 기도할 때에 누군가에게 반감을 품고 있거든 용서하여라. 그래야 하늘에 계신 너희

---

32) 본문은 다음과 같다. "그때에 베드로가 예수님께 다가와, "주님, 제 형제가 저에게 죄를 지으면 몇 번이나 용서해 주어야 합니까? 일곱 번까지 해야 합니까?"하고 물었다. 예수님께서는 그에게 대답하셨다. "내가 너에게 말한다. 일곱 번이 아니라 일흔일곱 번까지라도 용서해야 한다."

33) 마태복음 5장 39절.

아버지께서도 너희의 잘못을 용서해 주신다"라는 마르코복음 11장 25절의 말 또한 용서의 최종적인 목적이 신으로부터 죄사함을 받는 것에 있음을 잘 보여준다. 죄의 사함과 영혼의 구제라는 기독교의 절대적인 목적은 그 자체로 완성된 형태의 용서의 동기를 제공한다. 다시 말해, 자족적인 용서의 맥락 안에서 가해자와 피해자의 대화의 필요성이라는 외적 요인을 배제한다.

이 자리에서 기독교적 용서라는 난제를 충분히 분석하는 것은 불가능한 일이다. 다만 필자는 기독교 안에서 용서와 필자가 제시한 용서의 개념과의 비교를 통해 다음과 같은 시사점을 간략히 제시하고자 한다.

필자는 이 글에서 용서는 사람과 사람 간의 관계의 맥락 안에서 실천된다고 주장했다. 이와 달리, 기독교 신앙 안에서 용서란 두 개인 간의 관계망을 벗어난 대상을 요구한다. 그 대상은 피해를 받은 자에게 용서할 것을 요구하며, 가해자를 인내와 사랑으로 대하라고 명령한다. 예수는 이웃뿐 아니라 원수까지도 사랑하라고 명령한다. 용서와 사랑을 명령하는 제삼의 존재가 있다고 여기는 것은 용서를 반복적으로 실천해야만 한다는 기독교적 근거를 마련한다. 피해자의 관점에서 이러한 근거는 피해자의 반복적인 인내(endurance)의 원천이다. 그리고 필자는 이렇게 실천된 반복적인 인내가 용서를 관용의 행위와 유사한 것으로 변용한다고 이해한다. 관용(tolerance)의 라틴어 어원인 tolerantia가 참고 인내함을 뜻한다는 것은 이러한 점에서 주목할 만하다. 기독교 종교관에서 인내의 역할은 매우 핵심적이다. 악에 대한 인내는 영원한 보상(eternal reward)의 조건[34]이고, 참고 인내함은 사랑의 결과(코린도1, 13장 4절)[35]이다. 사랑은 신이 인간에게 내린 가장 큰 계명(마르코, 12장 28~34절)[36]이다. 이 계명은 피해자가 받은 피해를 폭력적인 방식으로 정죄하고 처벌하는 것을 막는 기독교적 관용의 근거이다. 이 근거로 인해 피해자는 가해자와 반드시 대화할 필요를 상실한다. 피해자는 인내의 명령 안에서 자족하며 인내의 실천을 반복적으로 실천하여 예수 그리스도의 사랑을 실천한다. 필자는 기독교적 용서의 핵심적인 정신은 관용의 정신과 매우 흡사하다 생각한다. 따라서 기독교적 용서를 비종교적인 세속적 일상에서 경험하는 일상적인 용서의 행위와 비교하여 어느 한쪽의 실천을 강조하기 보다는, 이 둘을 분리하여 고려할 가능성을 열어두어야 한다고 필자는 생각한다.

용서와 관용은 부정적인 태도와 감정을 박해와 폭력, 탄압으

---

34) 아우구스티누스, 추인애 옮김, 『신국론』, 동서문화사, 2014, 1권, §29, 78쪽.
35) 본문은 다음과 같다. "사랑은 참고 기다립니다."
36) 본문은 다음과 같다. "모든 계명 가운데서 가장 첫째가는 계명은 무엇입니까? (……) '마음을 다하고 생각을 다하고 힘을 다하여 그분(하느님)을 사랑하는 것'과 '이웃을 자기 자신처럼 사랑하는 것'이 모든 번제물과 희생 제물보다 낫습니다."

로 표출하는 것을 자제하길 요구하는 동시에 공존과 평화를 지향한다는 점에서 공통의 가치가 있다 할 것이다. 우리는 용서의 행위가 가져다주는 거룩함과 관대함, 그리고 가해자와 피해자의 갈등 해소의 이미지를 통해 공존과 평화의 미래를 엿보고, 다양한 관점들의 상호 공존의 근거로서의 관용의 실천을 바라보며 갈등과 다툼 넘어 존재하는 안정적인 사회를 희망한다.

하지만, 지금까지의 논의를 통해 용서와 관용은 독립적이며 동시에 양립 불가능한 행위라는 것이 드러났다. 다른 두 주체는 같은 대상을 용서하거나 관용할 수 있지만, 같은 한 주체가 같은 대상을 동시에 용서하고 관용하는 것은 허용되지 않는다. 용서와 관용은 각기 독립적인 기제를 통해 작동하기 때문이다. 그렇기에, 이 둘의 순기능이 평화와 공존이라면 그 순기능이 효과적으로 실현되는 방식은 각자 구분된다. 용서는 이미 발생한 피해로부터 야기된 분노와 원망, 증오를 극복한다는 면에서 과거와의 화해를 꾀한다. 하지만 관용은 현재와 미래에도 지속할 실천의 근거를 전제한다는 점에서 과거가 아닌 미래의 평화와 공존을 추구한다. 평화와 공존은 이 둘 모두를 요구하는 것은 당연한 일이다. 필자는 이 글이 용서와 관용의 관계를 규명하는 데에 이바지하여 용서와 관용이 평화와 공존에 효과적으로 이바지하는 데에 도움이 되었기를 희망한다.

참 고 문 헌

대한민국 정책브리핑, 「교황 "평화는 정의의 결과 … 관용과 협력으로 불의 극복"」, 문화체육관광부 국민소통실, 2014.08.14.

한국일보, 「아프간 테러 위험 '실질적 위협'인가… "정상국가 원하는 탈레반, 테러 통제할 것"」, 한국일보, 2021.08.26.

Peter Beaumont, "Taliban seek no 'revenge' and all Afghans will be 'forgiven'", The Guardian, 2021.08.17.

Sammy Westfall & Claire Parker, "Taliban says it will be more tolerant toward women. Some fear otherwise", The Washigton Post, 2021. 08.17.

강남순, 『용서에 대하여』, 동녘, 2017.

박준웅, 「관용의 구성적 특성에 대한 분석」, 『철학탐구』 54, 중앙대학교 중앙철학연구소, 2019, 131~161쪽.

아우구스티누스, 추인애 옮김, 『신국론』, 동서문화사, 2014.

이브 개러드·데이브드 맥노튼, 박유진 옮김, 『용서란 무엇인가』, 파이카, 2013.

김아영, 「종교적 관용에 대한 꾸란의 가르침: 기독교와의 관계를 중심으로」, 『신학논단』 91, 연세대학교, 2018, 7~41쪽.

김종일, 「오스만제국 내 기독교인에 관한 정책 연구」, 『한국중동학회논총』 40(1), 한국중동학회, 2019, 75~96쪽.

신응철, 「용서(Forgiveness) 논쟁 다시 보기」, 『철학·사상·연구』 27, 동서사상연구소, 2018, 106~127쪽.

자크 데리다, 신정아·최용호 옮김, 『신앙과 지식』, 아카넷, 2016.

존 롤즈, 황경식 옮김, 『정의론』, 이학사, 2003.

존 롤즈, 장동진 옮김, 『정치적 자유주의』, 동명사, 2003.

플라톤, 박종현 옮김, 『국가』, 서광사, 2001.

황의갑, 「딤미 제도와 이슬람의 관용」, 『지중해연구』 13(3), 부산외국어대학교 지중해지역원, 2011, 57~78쪽.

Benbaji, Hagit, Heyd, David, "The Charitable Perspective: Forgiveness and Toleration as Supererogatory", *Canadian Journal of Philosophy*, Vol. 31, No. 4 (Dec., 2001).

Downi, R. S., "Forgiveness", *The Philosophical Quarterly* (1950~), Vol. 15, No. 59, Moral Philosophy number (Apr, 1965), pp. 128~134.

Griswold, L, Charles, *Forgiveness: A Philosophical Exploration*, New York: Cambridge Univ. Press, 2007.

Jankelevitch, Vladimir, *Forgiveness*, translated by Andrew Kelley, Chicago: University of Chicago Press, 2005.

Kaplan, J, Benjamin, *Divided by Faith: Religious Conflict and the Practice of Toleration in Early Modern Europe*, Cambridge: Harvard Univ. Press, 2007.

Kolnai, Aurel, "VI-Forgiveness", *Procedings of the Aristotelian Society*, Vol. 74, Issue 1, 1 June 1974.

Murphy, Jeffrie, G & Hampton, Jean, *Forgiveness and Mercy*, Cambridge: Cambridge University Press, 1988.

Novitz, David, "Forgiveness and Self-Respect", *Philosophy and Phenomenological Research*, Vol. 58, No. 2 (Jun., 1998), pp. 299~315.

Williams, Bernard, "Toleration: An Impossible Virtue?", *Toleration: an Elusive Virtue*, New Jersey: Princeton Univ. Press, 1996.

김선규: 중앙대학교 다빈치교양대학 교수로 재직하고 있다. 2011년 중앙대학교에서 「H.-G. Gadamer의 철학적 해석학과 진리의 문제」로 철학박사 학위를 받았다. 연구 분야는 예술철학, 해석학, 문화철학, 정치철학 등이다. 발표한 논문으로 「다문화주의에서의 도덕과 정치의 변증법」, 「모더니즘 이후의 정체성, 연속성, 패러독스」, 「통합적 해석학 구상을 위한 시론」, 「예술작품의 무한성에 관한 철학적 고찰」, 「상호문화 철학과 문화 다양성」, 「프래그머티즘과 인공지능 시대의 예술 경험」, 「4차 산업혁명 시대, 교양교육으로서 철학의 의의」 등이 있으며, 저서는 「AI 시대, 행복해질 용기」(공저), 「4차 산업혁명 시대 인문 교양교육의 도전과 혁신」(공저)이 있다.

박준웅: 뉴욕주립대 버팔로 대학에서 관용에 대한 연구로 박사학위를

받았으며, 현재, 중앙대학교 다문화콘텐츠연구소에서 연구교
수로 재직 중이다. 연구 분야는 사회 정치철학, 종교철학 등이
다. 발표한 논문은 「관용의 구성적 특성에 대한 분석」, 「다름
을 대하는 두 가지 관점과 이에 대한 교양교육의 역할 제고」
등이 있다.

문화다양성과 관용의 철학

ⓒ김선규·박준웅, 2022

1판 1쇄 인쇄__2022년 06월 25일
1판 1쇄 발행__2022년 06월 30일

지은이__김선규·박준웅
펴낸이__양정섭

펴낸곳__경진출판
　　　　등록__제2010-000004호
　　　　이메일__mykyungjin@daum.net
　　　　사업장주소__서울특별시 금천구 시흥대로 57길 17(시흥동), 영광빌딩 203호
　　　　전화__070-7550-7776　팩스__02-806-7282

값 12,000원
ISBN 978-89-5996-993-7 93330